V&R

Marion Keuchen/Gabriele Klappenecker

Schöpfung inklusive

Material zu Schöpfung und Inklusion für die Klassen 5/6

Vandenhoeck & Ruprecht

Mit 32 Abbildungen

Bibliografische Information der Deutschen Nationalbibliothek

Die Deutsche Nationalbibliothek verzeichnet diese Publikation in der
Deutschen Nationalbibliografie; detaillierte bibliografische Daten sind
im Internet über http://dnb.d-nb.de abrufbar.

ISBN 978-3-525-77306-2

Weitere Ausgaben und Online-Angebote sind erhältlich unter: www.v-r.de

Umschlagabbildung: © Natalia Nevskaya

© 2016, Vandenhoeck & Ruprecht GmbH & Co. KG, Theaterstraße 13, D-37073 Göttingen /
Vandenhoeck & Ruprecht LLC, Bristol, CT, U.S.A.
www.v-r.de

Satz: SchwabScantechnik, Göttingen
Druck und Bindung: ⊕ Hubert & Co GmbH & Co. KG, Robert-Bosch-Breite 6, D-37079 Göttingen

Gedruckt auf alterungsbeständigem Papier.

Inhalt

Vorwort 6

Die Schöpfung als Gemeinschaft der Verschiedenen 7
M 1/1 Behindern ist heilbar 7
M 1/2 Normal 8
M 1/3 Schöpfungsgedicht der sieben Tage 9
M 1/4 Schöpfung im Koran 11
M 1/5 Ebenbild Gottes 12
M 1/6 Rico, Oskar und die Tieferschatten 13
M 1/7 Das graue Gefühl 15
M 1/8 Klagepsalm 16
M 1/9 Vergiss es nie 17

Mädchen und Jungen lernen gemeinsam 18
M 2/1 Mädchen und Jungen in der Schule 18
M 2/2 Nach der Schule 19
M 2/3 Was sagt die Bibel zu Mann und Frau? 20
M 2/4 Der Körper als Bild für Gemeinde 21
M 2/5 Vom Flüchtling zur Weltmeisterin 22

Menschen handeln gemeinsam 24
M 3/1 Das Gedicht von der Motte 24
M 3/2 Himmel, Erde, Luft und Meer 25
M 3/3 Die Micha-Initiative 26
M 3/4 Wo drückt der Schuh? 27
M 3/5 Schön und gerecht 28
M 3/6 Das Zuhause von Plastik befreien 29
M 3/7 Was ist Inklusion? 30
M 3/8 Exklusion, Integration und Inklusion 31
M 3/9 Der Heilige Geist als Wind 32
M 3/10 Gaben des Heiligen Geistes 33

In der Schulgemeinschaft leben 34
M 4/1 Machen Kleider Leute? 34
M 4/2 Kleider machen Leute! 35
M 4/3 Ausgegrenzt 36
M 4/4 Inklusion praktisch 38
M 4/5 (M)eine Vision von Schule 39
M 4/6 »Flucht« als Thema eines Weihnachtsgottesdienstes 40

Menschen verschiedener Religionen lernen und handeln gemeinsam 43
M 5/1 Inklusiver Speiseplan 43
M 5/2 Was der Koran uns sagt 44
M 5/3 Die Umwelt geht uns alle an 45
M 5/4 Zusammen leben und lernen 47

Vorwort

Die Schöpfung, wie sie biblische Mythen und Psalmen überliefern, enthält einen zentralen Gedanken: Inklusion.

Darunter verstehen wir die Bejahung von Diversität. Hieraus leitet sich das Übernehmen von Verantwortung für eine zerbrechliche Welt und das Eintreten für Gerechtigkeit ab. Jesu Gemeinschaft mit ausgestoßenen und diskriminierten Menschen ist nichts anderes als verwirklichte Inklusion, sein Handeln und Reden eröffnet neue Perspektiven auf das Reich Gottes und die Teilhabe daran.

Wie lässt sich der Gedanke der Inklusion Schülerinnen und Schülern nahebringen?

Insgesamt fünf Bausteine bieten Anforderungssituationen[1] und auf vielfältiges Material bezogene Aufgaben, die zur Bildung religiöser, aber auch fachübergreifender, etwa kommunikativer und ethischer Kompetenzen, anregen. Die Texte, Bilder und Lieder können mithilfe verschiedener methodischer Zugänge erschlossen und kreativ bearbeitet werden. Methoden- und Informationsboxen bereichern das Spektrum.

Verantwortungslernen – und dazu gehört Lernen gemäß dem Inklusionsgedanken – verdeutlicht die Lebensbedeutsamkeit biblischer Aussagen. Das Material ist gendersensibel konzipiert und ethosgenerierend, Sache der gesamten Schule und fördert religiöse Kommunikationskompetenz.[2]

So ergibt sich für dieses Heft folgender Aufbau:

Baustein 1 öffnet den Blick für die Vielfalt menschlicher Gaben und Begabungen und lädt dazu ein, sie in Auseinandersetzung mit dem priesterschriftlichen Schöpfungsbericht zu würdigen. Die UN-Behindertenrechtskonvention zielt auf der Grundlage der allgemeinen Menschenrechte auf die Verwirklichung der Inklusion in unserer Gesellschaft. Der ihr zugrunde liegende Gedanke der Menschenwürde wird auf der Basis der Gottesebenbildlichkeit erhellt, wie sie die Bibel thematisiert.

Baustein 2 behandelt als einen Aspekt des Menschseins das Geschlecht. Geschlechterrollenklischees werden aufgegriffen und in einen Dialog mit biblischen Vorstellungen von (Geschlechts-)Identität, Individualität und Gemeinschaft gebracht.

Baustein 3 fasst den Gedanken der Inklusion ethisch: Es geht darum, Perspektiven zu gewinnen, welche es ermöglichen, ausgehend vom biblischen Gerechtigkeitsethos, Lebensmöglichkeiten *für alle* in einer globalisierten Welt zu finden.

Baustein 4 weist Wege auf für die Gestaltung von Schule und Bildung. Gleiche Chancen für alle in ihrer Verschiedenheit ohne Gleichmacherei zu ermöglichen, ist hier das erklärte Ziel. Das Pfingstereignis, gemäß dem jede und jeder seine Sprache und Individualität weiter pflegen und gerade dadurch die Gemeinschaft bereichern kann, ist hier paradigmatisch.

Baustein 5 weitet den Gedanken einer Partizipation in Verschiedenheit aus: Interreligiöse Schulprojekte zum Thema »Umwelt« und »Schulessen« werden vorgestellt.

Marion Keuchen und Gabriele Klappenecker

1 Gabriele Obst: Kompetenzorientiertes Lernen und Lehren im Religionsunterricht, Göttingen 2015.

2 Gabriele Klappenecker: Diakonische Kompetenz entwickeln – Verantwortung lernen. Didaktische Perspektiven für die Sekundarstufe I und II, Stuttgart 2014, S. 94–99.

© Maak Roberts c/o wildfoxrunning.com

Aufgaben:

1. Beschreibe das Plakat.
2. Was können die einzelnen Personen sagen oder denken?
3. Erkläre: Was meint der Satz: »Behindern ist heilbar«?
4. An welchen Orten werden Menschen behindert? Macht in Teams Fotos von solchen Situationen.

Info zur UN-Behindertenrechtskonvention

Die Vereinten Nationen (UN) haben diesen Vertrag geschrieben. Die UN sind 192 Staaten aus der ganzen Welt. Der Vertrag schützt die Rechte von allen Menschen mit Behinderungen. Er schützt Menschen, die körperliche, seelische oder geistige Behinderungen haben. Auch Menschen mit starker Behinderung werden durch den Vertrag geschützt.

Menschen mit Behinderungen sollen ein gutes Leben haben. Der Vertrag fordert, dass dies auch passiert. Der Vertrag soll allen deutlich machen: Menschen mit Behinderungen haben die gleiche Würde und die gleichen Rechte. Jeder Mensch soll lernen, dass Menschen mit Behinderungen wertvoll sind. Behinderung gehört zum Leben dazu. Das ist Teil der menschlichen Vielfalt.

www.ich-kenne-meine-rechte.de/index.php?menuid=2&reporeid=2
UN-Behindertenrechtskonvention in leichter Sprache © Deutsches Institut für Menschenrechte e. V.

Ich weiß, dass ich kein normales zehnjähriges Kind bin. Ich meine, klar, ich mache normale Sachen. Ich esse Eis. Ich fahre Fahrrad. Ich spiele Ball. Ich habe eine Xbox. Solche Sachen ma-
5 chen mich normal. Nehme ich an. Und ich fühl mich normal. Innerlich. Aber ich weiß, dass normale Kinder nicht andere normale Kinder dazu bringen,
10 schreiend vom Spielplatz wegzu-laufen. Ich weiß, normale Kin-der werden nicht angestarrt, egal, wohin sie gehören. Wenn ich eine Wunderlampe finden würde und
15 einen Wunsch frei hätte, würde ich mir wünschen, ein norma-les Gesicht zu haben, das nie je-mandem auffallen würde. Ich würde mir wünschen, dass ich
20 die Straße entlanggehen könnte, ohne dass die Leute diese Sache machen, sobald sie mich sehen, dieses Ganz-schnell-woanders-Hinschauen. Ich glaube, es ist so:
25 Der einzige Grund dafür, dass ich nicht normal bin, ist der, dass mich niemand so sieht. Aber inzwischen bin ich es irgendwie schon gewohnt, dass ich so aus-sehe. Ich kann so tun, als würde ich nicht merken, was die Leute für Gesichter machen. Wir sind alle schon

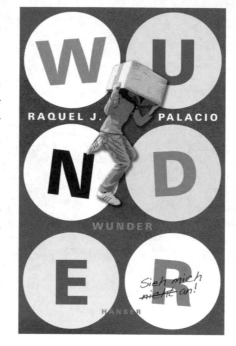

ganz gut darin: ich und Mom und Dad und Via. Nein, 30 ich nehm das zurück: Via ist nicht so gut darin. Sie kann echt sauer werden, wenn die Leute gemein sind. Einmal auf dem Spielplatz zum Beispiel, da haben einige ältere Kinder so Geräusche gemacht. 35 Ich weiß nicht mal, was genau das für Geräusche sein sollten, weil ich sie gar nicht selber ge-hört habe, aber Via hat sie ge-hört, und sie hat gleich angefan- 40 gen, die Kinder anzubrüllen. So ist sie eben. Ich bin nicht so. Für Via bin ich nicht normal. Sie be-hauptet es, aber wenn ich nor-mal wäre, hätte sie nicht so sehr 45 das Gefühl, mich beschützen zu müssen. Und auch Mom und Dad halten mich nicht für nor-mal. Sie halten mich für etwas ganz Besonderes. Ich glaube, der 50 einzige Mensch auf der Welt, der merkt, wie normal ich wirklich bin, bin ich. Ich heiße übrigens August. Ich werde nicht beschreiben, wie ich ausse-he. Was immer ihr euch vorstellt – es ist schlimmer. 55

Raquel J. Palacio: Wunder, München 2015, S. 9 f.
(Originalausgabe: Wonder, New York 2012)
© Carl Hanser Verlag

Aufgaben:

1. August sagt zu Beginn: »Ich weiß, dass ich kein normales zehnjähriges Kind bin.« Erkläre, was er damit meint.
2. August wünscht sich normal zu sein. Woran erkennst du das? Notiere dir aus dem Text entsprechende Stichpunkte.
3. August bemerkt bei Begegnungen dieses »Ganz-schnell-woanders-Hinschauen«. Kennst du solche Situa-tionen? Überlege dir: Warum wird weggeschaut?
4. Wie erklärst du dir solche Reaktionen? Notiere dir Stichpunkte (Think). Tausche deine Überlegungen in einem Zweier-Team aus (Pair). Spielt in einer Kleingruppe eine solche Situation ohne Worte nach. Eine der beteiligten Personen erzählt dann einer anderen Person davon und erklärt ihr Verhalten (Share).

Am Anfang schuf Gott Himmel und Erde. Die Erde war noch leer und öde, Dunkel befleckte sie und wogendes Wasser, und über den Fluten schwebte Gottes Geist.

5 **Da sprach Gott:** »Licht entstehe!«, und das Licht strahlte auf. Und Gott sah das Licht an: Es war gut. Dann trennte Gott das Licht von der Dunkelheit und *nannte* das Licht Tag; die Dunkelheit Nacht. *Es wurde Abend und wieder Morgen: der erste Tag.*

10 **Dann sprach Gott:** »Im Wasser soll ein Gewölbe entstehen, eine Scheidewand zwischen den Wassermassen!« So geschah es: Gott machte ein Gewölbe und trennte so das Wasser unter dem Gewölbe von dem Wasser, das darüber war. Und Gott *nannte* das

15 Gewölbe Himmel. *Es wurde Abend und wieder Morgen: der zweite Tag.*

Dann sprach Gott: »Das Wasser unter dem Himmelsgewölbe soll sich alles an einer Stelle sammeln, damit das Land hervortritt.« So geschah es. Und Gott

20 *nannte* das Land Erde, die Sammlung des Wassers nannte er Meer. Und Gott sah das alles an: Es war gut.

Dann sprach Gott: »Die Erde lasse frisches Grün aufsprießen, Pflanzen und Bäume von jeder Art, die Samen und samenhaltige Früchte tragen!« So ge-

25 schah es: Die Erde brachte frische Grün hervor, Pflanzen jeder Art mit ihren Samen und alle Arten von Bäumen mit samenhaltigen Früchten. Und Gott sah das alles an: Es war gut. *Es wurde Abend und wieder Morgen: der dritte Tag.*

30 **Dann sprach Gott:** »Am Himmel sollen Lichter entstehen, die Tag und Nacht voneinander scheiden, leuchtende Zeichen, um die Zeiten zu bestimmen: Tage und Feste und Jahre. Sie sollen am Himmelsgewölbe leuchten, damit sie der Erde Licht geben.« So

35 geschah es: Gott machte zwei große Lichter, ein größeres, das den Tag beherrscht, und ein kleineres für die Nacht, dazu auch das ganze Heer der Sterne. Gott setzte sie an das Himmelsgewölbe, damit sie der Erde Licht geben, den Tag und die Nacht regieren und Licht

40 und Dunkelheit voneinander scheiden. Und Gott sah das alles an: Es war gut. *Es wurde Abend und wieder Morgen: der vierte Tag.*

Dann sprach Gott: »Das Wasser soll von Leben wimmeln, und in der Luft sollen Vögel fliegen!« So

45 schuf Gott die Seeungeheuer und alle Arten von Wassertieren, ebenso jede Art von Vögeln und geflügelten Tieren. Und Gott sah das alles an: Es war gut. Und Gott segnete seine Geschöpfe und sagte: »Seid fruchtbar, vermehrt euch und füllt die Meere,

50 und ihr Vögel, vermehrt euch auf der Erde!« *Es wurde Abend und wieder Morgen: der fünfte Tag.*

Dann sprach Gott: »Die Erde soll Leben hervorbringen: alle Arten von Vieh und wilden Tieren und alles, was auf der Erde kriecht.« So geschah es. Gott

55 machte die wilden Tiere und das Vieh und alles, was auf dem Boden kriecht, alle die verschiedenen Arten. Und Gott sah das alles an: Es war gut.

Dann sprach Gott: »Nun wollen wir Menschen machen, ein Abbild von uns, das uns ähnlich ist! Sie sol-

60 len Macht haben über die Fische im Meer, über die Vögel in der Luft, über das Vieh und alle Tiere auf der Erde und über alles, was auf dem Boden kriecht.« So schuf Gott die Menschen nach seinem Bild, als Gottes Ebenbild schuf er sie und schuf sie als Mann und als

65 Frau. Und Gott segnete die Menschen und sagte zu ihnen: »Seid fruchtbar und vermehrt euch! Füllt die ganze Erde und nehmt sie in Besitz! Ich setze euch über die Fische im Meer; die Vögel in der Luft und alle Tiere, die auf der Erde leben, und vertraue sie eurer Fürsorge an.«

70 Weiter sagte Gott zu den Menschen: »Als Nahrung gebe ich euch die Samen der Pflanzen und die Früchte, die an den Bäumen wachsen, überall auf der ganzen Erde. Den Landtieren aber und den Vögeln und allem, was auf dem Boden kriecht, allen Geschöpfen, die den

75 Lebenshauch in sich tragen, weise ich Gräser und Blätter zur Nahrung zu.« So geschah es. Und Gott sah alles an, was er geschaffen hatte, und sah: Es war alles sehr gut. *Es wurde Abend und wieder Morgen: der sechste Tag.*

So entstanden Himmel und Erde mit allem, was

80 lebt. Am siebten Tag hatte Gott sein Werk vollendet und ruhte von aller seiner Arbeit aus. Und Gott segnete den siebten Tag und erklärte ihn zu einem heiligen Tag, der ihm gehört, denn an diesem Tag ruhte Gott, nachdem er sein Schöpfungswerk vollbracht hatte.

85 Die ist die Geschichte der Entstehung von Himmel und Erde; so hat Gott sie geschaffen.

1. Mose 1,1–2,4a, Gute Nachricht Bibel
© Deutsche Bibelgesellschaft, Stuttgart

Aufgaben:

Die Hervorhebungen des Textes können dir helfen, die Schöpfungserzählung schneller und besser zu verstehen.

1. Erstelle eine Übersicht über die einzelnen Tage in Worten oder Bildern.
2. Stelle die Beziehung zwischen Gott, Mensch und Welt in der biblischen Schöpfungsgeschichte visuell, d. h. sichtbar, dar. Beachte dabei besonders den Auftrag des Menschen. Zur Methode der Visualisierung schau dir die Methodenbox auf dieser Seite an.

Methode Visualisieren

Durch Zeichen, Symbole, kleine Bilder, Ikons und Farben kann man Texte visualisieren d. h. anschaulich machen. Die Aussagen und der Aufbau eines Textes werden so sichtbar.

a) Lies den Text zunächst gründlich durch, b) markiere dann wichtige Sätze und einzelne Begriffe. c) Überlege dir, in welcher Beziehung sie zueinander stehen und was sie aussagen. d) Gestalte entsprechende Zeichen oder benutze verschiedene Farben, um die Aussagen und die Struktur deines Text sichtbar darzustellen.

Du kannst neben die einzelnen Zeilen passende Symbole malen, z. B. ein Herz für Liebe oder Regen für Trauer. Beziehungen zwischen Personen oder Dingen kannst du durch Zeichen wiedergeben: Ein Blitz zeigt eine spannungsvolle Beziehung, ein Fragezeichen eine unklare und Gleichheitszeichen eine gleichberechtigte an. Mit Farben kannst du ebenfalls Aussagen eines Textes anschaulich hervorheben. Rot kann für eine wichtige Aussage stehen. Mit gelb kannst du Beispiele zu dieser Aussage anmalen. Unterkringelungen können Wiederholungen sichtbar machen.

Gott erschuf Himmel und Erde in makelloser Weise. Das ist tatsächlich ein Zeichen für nachdenkliche Menschen. (29:44)

Er schuf Himmel und Erde in gerechter Weise. Al-
5 les läuft bis zu einer bestimmten Frist. (39:5)

Euer Herr ist Gott, der Himmel und Erde in sechs Tagen erschaffen und sich dann auf den Thron gesetzt hat. Er lässt die Nacht den Tag verdunkeln, der immer wieder auf sie folgt. Sonne, Mond und Sterne folgen
10 seinem Befehl. Stehen ihm nicht allein das Erschaffen und die Befehlsgewalt über alles zu? Gott ist voller Segen, er ist der Herr der Welten. (7:54)

Er ist es, der die Erde ausbreitete und feststehende Berge und Flüsse auf ihr entstehen ließ. Er er-

schuf auf ihr Früchte aller Art und ein Paar von jeder 15 Tierart. Er lässt die Nacht und den Tag sich abwech-seln. Hierin liegen Zeichen für ein nachdenkliches Volk. (13:3)

In der Erschaffung von Himmel und Erde und in der Abwechslung von Tag und Nacht liegen Zeichen 20 für die, die ihren Verstand gebrauchen. Die, die so-wohl an Gott denken – egal, ob stehend, sitzend oder liegend – als auch über die Erschaffung von Himmel und Erde nachdenken, werden sagen: »Unser Herr, du hast nichts umsonst erschaffen. Wir loben dich! 25 Schütze uns vor den Qualen des Feuers!« (3:190–191)

Dies sind Zeichen für Menschen, die ihren Ver-stand gebrauchen: die Erschaffung von Himmel und Erde, der Wechsel von Tag und Nacht, Schiffe, die das Meer mit dem befahren, was dem Menschen nützlich 30 ist, dass Gott Regen vom Himmel herabschickt, so dass der Boden wieder belebt wird, nachdem er ab-gestorben war, dass er jedes Lebewesen auf der Erde sich ausbreiten ließ, der Lauf der Winde sowie die Wolken, die sich zwischen Himmel und Erde bewe- 35 gen. (2:164)

In seiner Barmherzigkeit schuf er für euch die Nacht und den Tag, damit ihr Menschen darin ru-hen könnt und euch um Gottes Gnade bemüht und dankbar seid. (28:73) 40

Der Koran für Kinder und Erwachsene. Übersetzt und erläutert von Lamya Kaddor und Rabeya Müller, München 2008, 25 ff. © C.H.BECK Verlag

Der Koran ist im Original von der längsten bis zur kürzesten Sure (Kapitel) aufgebaut. Die beiden Herausgeberinnen des Korans für Kinder haben die einzelnen Suren nach Themen geordnet.

Aufgaben:

1. Markiere einzelne Sätze des Kinder-Korans mit den gleichen Hervorhebungen, mit denen in der biblischen Geschichte die Sätze markiert sind.
2. Warum erschafft Gott die Welt? Führe einzelne Gründe an.
3. Erläutere, was in der biblischen Schöpfungsgeschichte anders erzählt wird als im Koran für Kinder.

Die Schöpfung (2010) © Natalia Nevskaya

Und Gott schuf den Menschen zu seinem Bilde, zum Bilde Gottes schuf er ihn;
und schuf sie als Mann und Frau.

1. Mose 1,27, Lutherbibel 1984 © Deutsche Bibelgesellschaft, Stuttgart

Aufgaben:

1. Was ist damit gemeint, dass der Mensch ein Ebenbild Gottes ist?
2. Fühlst du dich als Ebenbild Gottes? Wenn ja, warum? Wenn nein, warum nicht?
3. Was siehst du auf dem Bild der Künstlerin Natalia Nevskaya?
4. Zerschneide das kopierte Bild in einzelne Teile und lege sie so zusammen, wie du es magst. Du kannst die Teile auch anmalen. Wie findest du dein neues Bild im Vergleich mit dem von Natalia Nevskaya?

Ich hob den Kopf. Der Junge, der da vor mir stand, reichte mir gerade so bis an die Brust. Das heißt, sein dunkelblauer Sturzhelm reichte mir bis an die Brust. Es war ein Sturzhelm, wie ihn Motorradfahrer tragen.

5 Ich hatte gar nicht gewusst, dass es die auch für Kinder gibt. Es sah völlig beknackt aus. Das Durchguckding vom Helm war hochgeklappt. […] »Was machst du da?«, sagte der Junge. Seine Zähne waren riesig. Sie sahen so aus, als könnte er damit ganze Stücke aus großen Tieren rausbeißen,

10 einem Pferd oder einer Giraffe oder dergleichen. »Ich suche was.« »Wenn du mir sagst, was, kann ich dir helfen.« »Eine Nudel.« Er guckte sich ein bisschen auf dem Gehsteig um. […] Zuletzt guckte

15 der kleine Junge kurz zwischen die Büsche vor dem Zaun vom Spielplatz, eine Idee, auf die ich noch gar nicht gekommen war.

20 »Was für eine Nudel ist es denn?«, sagte er. »Auf jeden Fall eine Fundnudel. Eine Rigatoni, aber nur vielleicht. Genau kann man das erst sagen, wenn man sie gefunden hat, sonst wäre es ja keine

25 Fundnudel. Ist doch wohl logisch, oder?« »Hm …« Er legte den Kopf leicht schräg. Der Mund mit den großen Zähnen drin klappte wieder auf. »Kann es sein, dass du ein bisschen doof bist?« Also echt!

© Ralf Pfeifer

30 »Ich bin ein tiefbegabtes Kind.« »Tatsache?« Jetzt sah er wirklich interessiert aus. »Ich bin hochbegabt.« Nun war ich auch interessiert. Obwohl der Junge viel kleiner war als ich, kam er mir plötzlich viel größer vor. Es war ein merkwürdiges Gefühl. Wir guckten uns so lange an,

35 dass ich dachte, wir stehen hier noch, wenn die Sonne untergeht. Ich hatte noch nie ein hochbegabtes Kind gesehen, außer mal im Fernsehen bei Wetten, dass …? Da war ein Mädchen gewesen, das spielte wie eine Bekloppte irgendwas total Schwieriges auf der Geige, und

40 gleichzeitig rief der Gottschalk ihr kilometerlange Zahlen zu und sie musste dann sagen, ob es eine Primzahl war oder nicht. […] »Ich muss jetzt weiter«, sagte ich endlich zu dem Jungen. »Bevor es dunkel wird. Sonst verlaufe ich mich womöglich.« »Wo wohnst du denn?«

»Da vorn, das gelbe Haus. Die 93. Rechts.« Ich ärgerte 45 mich im selben Moment, dass ich rechts gesagt hatte. Erstens wusste ich nicht wirklich, ob es rechts war oder nicht doch eher links, und zweitens liegt gegenüber der Häuserzeile das alte Urban-Krankenhaus, lang gestreckt wie eine schlafende Katze, und man erkennt 50 sofort, dass das kein Wohnhaus ist. Der Junge schaute an meinem ausgestreckten Arm entlang. Als er die 93 sah, rutschte seine Stirn erst rauf, als wäre ihm gerade eine tolle Erleuchtung gekommen oder so was, und dann wieder 55 runter, als würde er gründlich über etwas nachdenken. Zuletzt wurde seine Stirn wieder ganz glatt und er grinste. »Du bist wirklich doof, oder? Wenn man etwas direkt vor Augen hat und nur geradeaus 60 gehen muss, kann man sich unmöglich verlaufen.« Immerhin stimmte die Straßenseite. Trotzdem wurde ich langsam sauer. »Ach ja? Ich kann das. Und wenn du wirklich so schlau wärst, wie du behauptest, wüsstest du, dass es Leute gibt, 65 die das können.« »Ich –« »Und ich sag dir noch was: Es ist kein bisschen witzig!« Alle Bingokugeln waren auf einmal rot und klackerten durcheinander. »Ich hab 70 mir nicht ausgesucht, dass aus meinem Gehirn manchmal was rausfällt! Ich bin nicht freiwillig dumm oder weil ich nicht lerne!« »Hey, ich –« »Aber du bist ja wohl eins von den Superhirnen, die alles wissen und dauernd mit irgend- 75 was angeben müssen, weil sich nämlich sonst keiner für sie interessiert, außer wenn sie im Fernsehen Geige spielen!« Es ist total peinlich, aber wenn ich mich heftig über etwas aufrege, zum Beispiel Ungerechtigkeit, fange ich an zu heulen. Ich kann überhaupt nichts 80 dagegen machen. Der Junge kriegte ganz erschreckte Augen unter seinem Sturzhelm.

»Jetzt wein doch nicht! Ich hab das gar nicht so –« »Außerdem weiß ich, was 'ne Primzahl ist!«, brüllte ich. Was vor lauter Aufregung im Moment so ziem- 85 lich das Einzige war, das ich noch wusste. Jetzt sagte der Junge gar nichts mehr. Er guckte runter auf seine Sandalen. Dann guckte er wieder hoch. Seine

Lippen waren ganz dünn geworden. Er streckte eine Hand aus. Sie war so klein, dass sie doppelt in meine passte. »Ich heiße Oskar«, sagte er. »Und ich möchte mich aufrichtig bei dir entschuldigen. Ich hätte mich nicht über dich lustig machen dürfen. Das war arrogant.« Ich hatte keine Ahnung, was er mit dem letzten Wort meinte, aber die Entschuldigung hatte ich verstanden. [...] Man muss nett sein, wenn jemand sich entschuldigt. Wenn einer nur so tut als ob, kann man ruhig weiter sauer sein, aber Oskar meinte es aufrichtig. Hatte er ja gesagt. »Ich heiße Rico«, sagte ich und schüttelte seine Hand. »Mein Vater war nämlich Italiener.« »Ist er tot?« »Logisch. Sonst hätte ich ja nicht war gesagt.« Der Wehmeyer hat gesagt, eine meiner Stärken beim Schreiben von Aufsätzen wären die Zeiten, also Vergangenheit, Gegenwart und Zukunft und die So-als-ob-Zeit. »Tut mir leid. Wie ist er denn gestorben?« Ich gab keine Antwort. Ich hab noch nie jemandem davon erzählt, wie Papa gestorben ist. Das geht keinen was an. Es ist eine sehr traurige Geschichte. [...] Oskar druckste ein bisschen herum, als er merkte, dass da nichts mehr kam. Irgendwann nickte er endlich und sagte: »Ich muss jetzt nach Hause.« »Ich auch. Sonst schmilzt die Butter.« Ich hob die Einkaufstasche hoch. [...] Ich ging und nahm mir vor, mich kein einziges Mal umzudrehen. Der sollte bloß nicht denken, dass ich ihn toll fand mit seinem Sturzhelm und den Monsterzähnen. Dann drehte ich mich doch um und sah ihn in die andere Richtung in der Dieffe verschwinden. Von Weitem sah er aus wie ein sehr kleines Kind mit einem sehr großen blauen Kopf. [...] Ich fragte mich, wie Oskar sich wohl unter seinem Helm fühlte. Er hat ja diese großen Ängste, weil er zu viele Sachen von der Welt weiß, die schiefgehen können. Ich schätze, das Durchguckding vom Helm macht einfach den Ausschnitt kleiner, den er von ihr sieht. Kleiner und ungefährlicher.«

Andreas Steinhöfel: Rico, Oskar und die Tieferschatten, Hamburg 2008, S. 32 ff. © Carlsen Verlag

Aufgaben:

Bildet Zweier-Teams. Bearbeitet dann die Aufgaben zunächst alleine und tauscht euch danach aus.

1. Eine Person: Markiere die Stellen zu »tiefbegabt«. Was erfährst du über Rico? Entwirf einen Eintrag in einem Freundebuch.
2. Die andere Person: Markiere die Stellen zu »hochbegabt«. Was erfährst du über Oskar? Entwirf einen Eintrag in einem Freundebuch.
3. Partnerarbeit: Stellt euch gegenseitig Rico und Oskar vor. Spielt nach, wie die beiden miteinander reden.
4. Partnerarbeit: Was meint ihr, können sie Freunde werden?
5. Klassengespräch: Möchtest du Rico oder Oskar zum Freund haben?

Traurige Sachen ziehen alle Kraft aus einem raus und machen einem wackelige Beine. Bis zum Mittag hatte ich meine Erlebnisse ins Tagebuch getippt. Jetzt saß ich im Nachdenksessel, glotzte zum Fenster raus und

5 dachte an Felix, den Geschichtenerzähler ohne richtigen Zuhörer, an den stummen Sven mit seinen Marienkäferbadewannenaugen und an Sophia, die von so viel grauem Gefühl umgeben war. Ich dachte an Oskar, der jetzt irgendwo gefangen war und, so schlau er

10 auch sein mochte, ganz bestimmt große Ängste hatte. Dann fiel mir selber ein, wie ich wegen meiner Tiefbegabtheit hier herumsaß und nicht weiterwusste. Jemandem, der schlauer war als ich, wäre es bestimmt gelungen, Sophia mehr Informationen zu entlocken.

15 Depression: Das graue Gefühl. Mama hat es mal so genannt, als wir uns über Frau Dahling unterhielten. Eine Depression ist, wenn all deine Gefühle im Rollstuhl sitzen. Sie haben keine Arme mehr und es ist leider auch gerade niemand zum Schieben da.

20 Womöglich sind auch noch die Reifen platt. Macht sehr müde.

Ich verkroch mich in mein Zimmer und legte mich aufs Bett.

Andreas Steinhöfel: Rico, Oskar und die Tieferschatten, Hamburg 2008, S. 163 © Carlsen Verlag

© Tomas Castelazo, www.tomascastelazo.com/ Wikimedia Commons/CC-BY-SA-4.0

Aufgaben:

1. Beschreibe das »graue Gefühl« oder mache ein Klickbild – alleine oder in einer Gruppe.
2. Eine Woche später hatte Rico wieder ein graues Gefühl. Was könnte passiert sein? Denke dir eine Situation aus und lass Rico diese in seinem Tagebuch beschreiben.

Methode Klickbild

Mit einem Klickbild kannst du sichtbar machen, wie sich Menschen in bestimmten Situationen fühlen. Klickbilder sind fotografierte Situationen. Du denkst dich in eine Situation ein und baust sie mit deinem Körper nach – ohne Worte. Gestik und Mimik sind dabei wichtig. So kannst du vorgehen:

1. Du entscheidest, ob du allein ein Klickbild machst oder in einer Gruppe.
2. Du überlegst, welche Mimik und Gestik sich aus welchen Gründen am besten eignen.
3. Du übst dein Klickbild. Du bewegst dich so lange, bis dir deine Haltung, deine Gestik und Mimik gefallen. Dann denkst du dir einen »Klick« im Kopf, wie beim Fotoknipsen, und erstarrst.
4. Du präsentierst nun stumm dein Klickbild.
5. Die Zuschauer können dazu aufgefordert werden, dein Klickbild erst zu beschreiben und dann zu erklären.

M 1/8 Klagepsalm

Die Psalmen sind das ›Liederbuch‹ der Bibel. Manche von ihnen kennst du vielleicht schon? Kennst du zum Beispiel den 23. Psalm, der von Gott als Hirten spricht? Insgesamt gibt es in der Bibel 150 Psalmen, eine Menge von Liedern, mit denen Israel zu Gott gesungen und gebetet hat. Diese Lieder zeigen, dass die Menschen, die die biblischen Texte geschrieben haben, wussten, dass Gott nicht nur Loblieder hören will – auch Weinen und Klagen sind wichtig, auch das geht Gott etwas an!

Psalm 6: Wie lange noch, GOTT?
Gott, strafe mich nicht in DEINEM Wutschnauben
und versuche nicht mich mit Zorn zu erziehen!
Sei mir gnädig, GOTT, und heile mich,
denn meine Knochen sind schreckensstarr!
Ich bin völlig verstört –
wie lange noch, GOTT?!
Kehr doch um, befrei mich,
schaffe mir Raum um DEINER Zuneigung willen!
Im Tod denkt niemand an DICH,
im Totenreich – wer soll DIR da Lieder singen?
Erschöpft bin ich von meinem Weinen,
jede Nacht überschwemme ich mein Bett mit Tränen.
Trüb vor Kummer ist mein Auge,
ganz matt – so viele sind es, die mich bedrängen.
Weicht zurück von mir, ihr, die ihr mir Böses wollt,
denn GOTT hat mein lautes Weinen gehört!
Gehört hat ER mein Flehen,
Er wird mein Beten annehmen.
Sie sollen sich schämen und starr werden vor Schreck,
die mich bekämpfen,
sie sollen sich abwenden und zuschanden werden – im NU.

Diana Klöpper/Kerstin Schiffner, Gütersloher Erzählbibel. Illustriert von: Juliana Heidenreich
© 2004, Gütersloher Verlagshaus, Gütersloh, in der Verlagsgruppe Random House GmbH

Aufgaben:
1. a) Welche Situationen beschreibt der Psalm?
   b) Findest du eine Zeile des Psalms besonders ansprechend, ärgert sie dich oder verstehst du sie nicht?
   c) Male oder spiele eine Situation zu deinem ausgewählten Vers.
2. Die Anfangsbuchstaben von Psalmen wurden seit hunderten von Jahren in kostbaren Bibelausgaben besonders gestaltet. Die Gütersloher Erzählbibel macht das auch. Was erkennst du? Warum hat die Illustratorin Juliana Heidenreich den Anfangsbuchstaben des Psalms so gemalt? Gestalte selbst einen Buchstaben dieses Psalms.
3. Wie geht der Mensch, der den Psalm singt, mit seinen traurigen Gefühlen um? Wie macht es Rico (→ M1/7)?
4. Was hilft dir bei traurigen Gefühlen?

M 1/9 Vergiss es nie

> 1. Vergiss es nie: dass du lebst, war kei-ne ei-ge-ne I-
> Vergiss es nie: dass du lebst, war ei-nes an-de-ren I-
>
> dee, und dass du at-mest, kein Entschluss von dir.
> dee, und dass du at-mest,
>
> sein Geschenk an dich. **R** Du bist ge-wollt, kein Kind des
>
> Zufalls, keine Lau-ne der Na-tur, ganz e-gal, ob du dein
>
> Le-benslied in Moll singst o-der Dur. Du bist ein Gedan-ke
>
> Gottes, ein ge-nia-ler noch da-zu. Du bist du,
>
> das ist der Clou, ja der Clou. Ja, du bist du.

2. Vergiss es nie: Niemand denkt und fühlt und handelt so wie du,
   und niemand lächelt so, wie du's grad tust.
   Vergiss es nie: Niemand sieht den Himmel ganz genau wie du,
   und niemand hat je, was du weißt, gewusst.

3. Vergiss es nie: Dein Gesicht hat niemand sonst auf dieser Welt,
   und solche Augen hast alleine du.
   Vergiss es nie: Du bist reich, egal ob mit, ob ohne Geld,
   denn du kannst leben! Niemand lebt wie du.

Deutscher Text: Jürgen Weth (Originaltitel: I got you), Melodie: Paul Janz
© SCM Hänssler im SCM-Verlag

Aufgaben:

1. Was sollst du laut der Aussage des Liedes nie vergessen? Kennst du Situationen, in denen Menschen diese Aussage vergessen?

2. Überlege: Finde ich mich wirklich »genial«? Immer?

3. Was wünschst du dir für dein Leben? Notiere dir Wünsche. Tausche dich in einem Zweier-Team darüber aus. Vergleicht eure Wünsche mit dem Wunderlampen-Wunsch von August (→ M 1/2).

4. Würden August (→ M 1/2), die Menschen vor dem Geldautomaten (→ M 1/1) oder Rico und Oskar (→ M 1/6) dieses Lied mögen und gerne singen?

5. In der Bibel wird der Mensch als »Ebenbild Gottes« bezeichnet (→ M 1/5). Erkläre, was die Bibelstelle und das Lied gemeinsam haben.

M 2/1 Mädchen und Jungen in der Schule

Klassenfoto, Volksschule
in Boppard 1912

Klassenfoto, Volksschule
Amendingen 1925

Aufgaben:

1. Beschreibe die beiden Fotos. Was siehst du?
2. Zwischen 1945 und Ende der 1960er Jahre wurde in Deutschland in allen Schulen die sogenannte Koedukation eingeführt. Mädchen und Jungen werden inzwischen seit vielen Jahren gemeinsam unterrichtet. Wie beurteilst du das? Nenne Vorteile und Nachteile!
3. Würdest du gerne auf eine reine Mädchen- oder Jungenschule gehen? Warum oder warum nicht?
4. Findest du es wichtig, Lehrerinnen und Lehrer an einer Schule zu haben?

Ferdinand Georg Waldmüller: Nach der Schule, 1841 *(rechts: Detail)*
© bpk/Nationalgalerie, SMB/Jörg P. Anders

Aufgaben:

1. Beschreibe das große Bild. Was siehst du?
2. Das große Bild zeigt mehrere Kindergruppen.
    a) Spielt die Szene nach, die ihr rechts auf dem Detail-Bild seht.
    b) Wie fühlen sich die beteiligten Kinder der Prügelei im rechten Bildvordergrund? Erstellt ein Klickbild (→ Methodenbox M 1/7).
    c) In der Mitte vorne ist eine Mädchengruppe zu sehen. Was sagen sie zueinander?
    d) Was sagt der Lehrer in der oberen rechten Ecke?
3. Findet ihr euch in einem der Kinder wieder? In welchem und warum? Oder warum nicht?
4. Das Bild ist mehr als 150 Jahre alt. Geht es heute nach der Schule ähnlich zu?

M2/3 Was sagt die Bibel zu Mann und Frau?

In der Geschichte der Apostelinnen und Apostel wird davon erzählt, wie sich immer mehr Menschen den Schülerinnen und Schülern Jesu anschlossen. Sie bildeten Gemeinschaften und versuchten ihr Leben neu

5 zu gestalten. So gut es ging, versuchten sie die Befreiung zu leben, die Jesus ihnen versprochen hatte. Ein Satz aus einem Brief des Paulus an die Gemeinden in Galatien zeigt ganz deutlich, wie die neuen Gemeinschaften zu leben versuchten. [Die römische Provinz

10 Galatien liegt in der heutigen Türkei.]

Diana Klöpper/Kerstin Schiffner, Gütersloher Erzählbibel, S. 364
© 2004, Gütersloher Verlagshaus, Gütersloh, in der Verlagsgruppe Random House GmbH

Denn ihr alle, die ihr getauft worden seid und dadurch zu Christus gehört, habt Christus angezogen. Es spielt keine Rolle mehr, ob ihr Juden seid oder Griechen, unfreie Diener oder freie Menschen, Männer oder

15 Frauen. Denn durch eure Verbindung mit Christus Jesus seid ihr alle wie ein Mensch geworden.

Galaterbrief Kapitel 3, Verse 27 und 28
BasisBibel, www.basisbibel.de
© Deutsche Bibelgesellschaft, Stuttgart

© Dirtsc

Aufgaben:
1. Was meint, dass alle getauften Menschen »Christus angezogen« haben?
2. Was geschieht durch die Taufe? Erkläre die beiden Verse des Galaterbriefs.
3. Vielleicht bist du schon einmal in einem Gottesdienst mit einer Taufe gewesen. Erzähle, was du erlebt und gesehen hast.
4. Kann dieser Text Menschen Mut machen? Warum oder warum nicht?

Der Körper als Bild für Gemeinde

Es ist wie beim menschlichen Körper: Er bildet eine Einheit und besteht doch aus vielen Körperteilen. Aber obwohl es viele Teile sind, ist es doch ein einziger Leib. So ist es auch mit Christus. Denn als wir getauft wurden, sind wir durch den einen Geist alle Teil eines einzigen Leibes geworden. Der menschliche Körper besteht ja auch nicht nur aus einem einzigen Teil, sondern aus vielen. Selbst wenn der Fuß sagt: »Ich bin keine Hand, ich gehöre nicht zum Körper.« Er gehört trotzdem zum Körper. Und wenn das Ohr sagt: »Ich bin kein Auge, ich gehöre nicht zum Körper.« Es gehört trotzdem zum Körper. Wenn der ganze Körper ein Auge wäre, wo bleibt dann das Gehör? Wenn er ganz Gehör wäre, wo bleibt dann der Geruchssinn? Nun hat Gott aber jedem einzelnen Körperteil seinen Platz am Körper zugewiesen, ganz wie er wollte. Wenn aber das Ganze nur ein Körperteil wäre, wie käme dann der Leib zustande? Nun sind es zwar viele Teile, aber sie bilden einen Leib. Deshalb kann das Auge nicht zur Hand sagen: »Ich brauche dich nicht.« Oder der Kopf zu den Füßen: »Ich brauche euch nicht.« Vielmehr sind gerade die Teile des Körpers, die schwächer zu sein scheinen, umso notwendiger. Die Teile des Körpers, die wir für weniger edel halten, kleiden wir mit besonderer Sorgfalt. Und gerade bei den unanständigen Körperteilen achten wir darauf, dass sie anständig bedeckt sind. Unsere anständigen Körperteile haben das nicht nötig. Doch Gott hat den Leib zusammengefügt. Er hat dafür gesorgt, dass die unscheinbaren Körperteile besonders geehrt werden. Denn im Leib darf es keine Uneinigkeit geben, sondern alle Teile sollen einträchtig füreinander sorgen. Wenn ein Teil leidet, leiden alle anderen Teile mit. Und wenn ein Teil geehrt wird, freuen sich alle anderen Teile mit.

1. Korintherbrief Kapitel 12, Verse 12 bis 26
BasisBibel, www.basisbibel.de
© Deutsche Bibelgesellschaft, Stuttgart

Aufgaben:

1. Erkläre, warum der menschliche Körper ein Bild für die christliche Gemeinschaft ist.
2. Denke nach: Gibt es unanständige Körperteile? Wer sagt, dass sie unanständig sind? Warum sollen sie unanständig sein? Was meinst du dazu?
3. Bildet Gruppen. Legt euch auf den Boden und baut mit allen Kindern einen menschlichen Körper nach. Wer ist das Bein, wer der Arm? Eine Reporterin befragt die einzelnen Teile, warum sie gerade die Hand sein wollen und wie sie sich fühlen.
4. Jeder ist anders, jede ist wichtig – das hören wir aus dem Bibeltext. Jede kann etwas, nicht jede kann das, was die andere kann. Male ein Selbstporträt und schneide es anschließend aus. Schreibe darauf, was du besonders gut kannst.

Information für Lehrkräfte
Die Selbstporträts der Kinder können als Mobile zusammen aufgehängt werden.
- Sind Klassengemeinschaften wie Mobiles? Wenn ja, warum oder warum nicht?
- Die Teile eines Mobiles können in Bewegung geraten. Es kann zu Zusammenstößen kommen. Halten die Verbindungen? Welche Verbindungen gibt es in einem Klassenmobile?
- Ein Mobile gerät erst einmal aus dem Gleichgewicht, wenn ein neues Teil hinzukommt. Gilt dies auch für Klassengemeinschaften?
- Ein Mobile hängt oft an einem Faden, der an der Decke oben befestigt ist. Dann ist das Mobile im Gleichgewicht. Hat eine Klassengemeinschaft auch einen »Faden nach oben«?

M 2/5 Vom Flüchtling zur Weltmeisterin

Ich heiße Fatmire, aber seit ich denken kann, nennen mich alle nur Lira. Ich bin eine gebürtige Kosovo-Albanerin. […] Der Kosovo zählt heute noch zu den ärmsten Regionen in Europa. In entsprechend einfa-
5 chen Verhältnissen spielte sich meine Kindheit ab. Es war für uns Albaner gerade kurz vor der Flucht ein Alltag voller Angst, voller Entbehrungen, und dennoch gab es diesen großen Zusammenhalt in der Familie, der mich trägt. Als ›Dreikäsehoch‹ musste ich
10 mein Geburtsland mit meinen Eltern und zwei Brüdern verlassen, weil wir keine Perspektiven mehr sahen und unser Leben in Gefahr war. Mein Vater hat damals Geld an eine Schleuserbande gezahlt, damit wir aus dem Kosovo rauskommen. Unsere Flucht
15 durch halb Europa war der reinste Horror, besonders die letzte Etappe. Ich träume noch heute vom Gebell der Wachhunde, die mitten in einer unheimlichen Nacht im Grenzgebiet zu Deutschland hinter uns her waren. […] In unserer Akte in Deutschland stand
20 später das Wort ›Flüchtling‹. Das ist nicht wirklich ein Begriff, mit dem man hausieren gehen will. […] Ich fühlte mich damals gefangen zwischen zwei Welten. Ich war fremd in einer neuen Heimat. Sich in Deutschland zu integrieren, ist nicht einfach. Den-
25 noch haben wir es mit bescheidenen Mitteln geschafft. Ich lebte als Muslima jahrelang mitten in Nordrhein-Westfalen, derzeit wohne ich in Potsdam im Osten von Deutschland – und ich fühle mich wohl. Ich bin ein gläubiger Mensch, und das kann ich dankenswer-
30 terweise hier in Deutschland mit kleinen Einschränkungen ausleben. Wir sind als Familie in Deutschland heute richtig angekommen und integriert. Aber das war ein langer, steiniger Weg. Ich habe den Kosovo aber nicht vergessen: Die Ereignisse in meinem Ge-
35 burtsland beschäftigen mich und meine Familie noch heute. Wir haben hier in Deutschland, in der Ferne geweint, als der Kosovo im Februar 2008 unabhängig wurde. […] Ein anderer schwieriger, wenn auch deutlich ungefährlicherer Weg war es, meinen Paps
40 davon zu überzeugen, dass Fußball genau das Richtige für die zarten Knochen seines kleinen Mädchens ist. Kein Ballettunterricht (obwohl es von der Statur her ganz gut passen würde) im rosa Gymnastikanzug und Tüllröckchen, keine Leichtathletik oder etwa

Turnen. Nee, auf einem Acker im Dreck um den Ball 45
wühlen und Zweikämpfe gewinnen – das war von Anfang an meine Welt. Papa war da zeitweise etwas verkrampft. Der Weltmeistertitel 2007 hat ihn endgültig locker gemacht … […] Meine Brüder Fatos und Flakron mussten mich immer beschützen. Das 50
hat ihnen mein Papa auferlegt. Er hatte Angst, dass seinem einzigen Mädchen etwas passiert. Für meine Brüder war es selbstverständlich, und sie sind auch ein bisschen stolz auf mich. Das geht so weit, dass Flakron im Fitnesstudio von Giesenkirchen sogar 55
ein Nationaltrikot mit meinem Namen trägt. Echt süß! […] Und es gab da diese halbstarken Jungs aus den höheren Klassen, die uns unbedingt ärgern wollten. Die Kerle haben uns regelmäßig beschimpft. […]
Meinen Bruder und mich hat das auf dem Heimweg 60
immer in Angst versetzt. Fatos sollte mich – wenn es nach meinem Papa ging – eigentlich beschützen. […]
Doch mein großer Bruder war damals noch eine Spur zurückhaltender als ich. Fatos blieb stumm, wenn ihn irgendjemand angemacht hat. Gegenwehr kam von 65
ihm schon gleich gar nicht. Sagen wir es mal so: Er hat versucht, mich zu beschützen. Zu zweit fühlten wir uns auf alle Fälle sicherer und ertrugen die verbalen Attacken mancher Schulkameraden. […] Zurück zu meinem ehemaligen Zimmer in Mönchen- 70
gladbach, in dem ich immerhin fast 15 Jahre meines Lebens verbracht habe: In meinem großen Schrank herrschte Chaos. […] Im anderen Eck stand mein Sportkleidungsregal. In dem steckten die Nationalmannschaftsklamotten. Fein säuberlich aufgereiht 75
hingen die Trikots der Spielerinnen, mit denen ich nach einer Partie mein Shirt getauscht hatte. […]
An meinem Rollo aus Bast baumelte immer meine Ohrringe-Kollektion. Überhaupt besitze ich diverse Sammlungen. Schuhe, Schmuck, Sonnenbrillen, 80
Handtaschen. […] Fußball spiele ich schon seit der ersten Klasse. Der Sport fasziniert mich, seit ich das erste Mal mit ihm in Kontakt kam. […] Am Anfang war ich allein unter lauter Jungs. Es gab da einen, der hieß Florian, den mochte ich gar nicht. Das beruhte 85
aber auf Gegenseitigkeit. Mit dem legte ich mich in schöner Regelmäßigkeit an, es gab ordentliche Reibereien zwischen uns. […] Dieser Florian sagte mir

© Bundeswehr-Fotos

einmal: »Du kannst nicht Fußball spielen, du bist 90 doch ein Mädchen!« Als ich das erste Mal mitspielte und gegen ihn kickte, war er danach total sauer und hat mich getreten. Ich glaube, Florian war baff, weil er kaum einen Ball gegen mich sah. Er konnte einfach nicht verlieren, und gegen ein Mädchen erst recht 95 nicht. Das ging wohl gegen seine Ehre. Ja, so fing alles an bei mir. Überall spielte ich Fußball: Auf dem Schulhof, auf dem Bolzplatz, auf der Straße, selbst in der kleinen Wohnung. Vor meinem Papa hielt ich alles geheim, denn er sah mich mit anderen Augen. Für 100 ihn war ich dieses zarte Püppchen, das ganz gut singen und tanzen konnte. Papa hätte es gefallen, wenn ich mich in Richtung Schauspielerin, Sängerin oder Tänzerin orientiert hätte. [...] Zum Finale um die WM-Krone füllten Fußballkenner das Rund. [...] Bei 105 der Nationalhymne hatte ich extrem feuchte Hände. Auch wir Ersatzspielerinnen standen wie unsere erste Elf auf dem Rasen Hand in Hand da. Minuten später

ertönte der Pfiff – und los ging es. Die quirligen Brasilianerinnen machten uns das Leben zu Beginn sehr schwer, drippelten unsere Abwehr ein ums andere 110 Mal aus. Allein im Torschuss glänzten sie nicht. [...] Beim 1:0 von Birgit Prinz in der 52. Minute schrien wir, sprangen auf, fielen uns in die Arme – das war der schiere Wahnsinn. [...] Dann konzentrierten wir uns wieder voll auf das Spiel. Noch war es nicht gewon- 115 nen. [...] In der 70. Minute sagte Co-Trainerin Ulrike Ballweg zu mir: »Lira, lauf dich warm.« Ich hatte nie und nimmer damit gerechnet. [...] Bei meiner ersten Aktion holte ich direkt eine Ecke raus. Renate Lingor übernahm bei uns stets die Standardsituationen. Sie 120 schoss von links und Simone Laudehr gelang der entscheidende Kopfball zum 2:0 in der 86. Minute. Unfassbar! Das war er, der WM-Titel!

Bajramaj, Lira: Mein Tor zum Leben. Vom Flüchtling zur Weltmeisterin, München 2009, S. 7–109 in Auszügen
© Südwest Verlag

Aufgaben:
1. Was erfährst du über Lira Bajramaj? Tragt in der Klasse zusammen.
2. Lira Bajramaj hat ein Buch über ihr bisheriges Leben geschrieben. Warum hat sie es »Mein Tor ins Leben« genannt?
3. Hast du Gemeinsamkeiten mit Lira? Wo unterscheidet sich dein Leben von ihrem?
4. Wie beurteilst du die Aussage von Florian: »Du kannst nicht Fußball spielen, du bist doch ein Mädchen«?

M3/1 Das Gedicht von der Motte

»Wollte mir was Gutes tun«,
spricht die flotte Motte. – – – »Nun,

erst fraß ich mich rasend schnell
durch ein Röckchen von Chanel.

5 Dann verschmauste – kein Getratsche! –
ich ein T-Shirt von Versace

sowie quasi en passant
noch ein Hemd (Yves Saint Laurent)

und zum Abschluss von der Chose
Hugo Bossens neuste Hose. – – –   10

Ich versteh ihn nicht, den Rummel.
Schmecken alle gleich, die Fummel …«

gedichte.xbib.de/Baier,+Arne_gedicht_
Das+Gedicht+von+der+Motte.htm
© Arne Baier

Aufgaben:

1. »Chanel« (sprich: Schanel), »Versace« (sprich: Versatsche), »Yves Saint Laurent« (sprich: Iv Sän Lorong) und »Hugo Boss« sind sehr teure, weltbekannte Modemarken. Wie sieht die Motte das?

2. Welchen Zusammenhang kannst du zwischen dem Gedicht der Motte und dem Wort Jesu erkennen: »Ihr sollt euch nicht Schätze sammeln auf Erden, wo sie die Motten und der Rost fressen […] Sammelt euch aber Schätze im Himmel, wo sie weder Motten noch Rost fressen […]« (Matthäus 6,19 f.)?
   a) Worin könnten solche Schätze bestehen? Zähle einige auf.
   b) Male eine Schatzkiste und schreibe hinein, welche Schätze du gefunden hast.

3. Die Motte kritisiert den »Rummel«, den Menschen um teure Modemarken veranstalten. Sie wollen aus der Masse herausstechen. Überlege, wie wir unsere Besonderheit und Unterschiedlichkeit in ansprechender Weise hervorheben können, ohne teure Markenkleidung zu tragen.

M3/2 Himmel, Erde, Luft und Meer

504

1 Him - mel, Er - de, Luft und Meer zeu - gen
von des Schöp-fers Ehr; mei - ne See - le, sin - ge
du, bring auch jetzt dein Lob her - zu.

2 Seht das große Sonnenlicht, / wie es durch die Wolken bricht; / auch der Mond, der Sterne Pracht / jauchzen Gott bei stiller Nacht.

3 Seht, wie Gott der Erde Ball / hat gezieret überall. / Wälder, Felder, jedes Tier / zeigen Gottes Finger hier.

4 Seht, wie fliegt der Vögel Schar / in den Lüften Paar bei Paar. / Blitz und Donner, Hagel, Wind / seines Willens Diener sind.

5 Seht der Wasserwellen Lauf, / wie sie steigen ab und auf; / von der Quelle bis zum Meer / rauschen sie des Schöpfers Ehr.

6 Ach mein Gott, wie wunderbar / stellst du dich der Seele dar! / Drücke stets in meinen Sinn, / was du bist und was ich bin.

Text: Joachim Neander, Melodie: Georg Christoph Strattner; Evangelisches Gesangbuch.
Ausgabe der Evangelischen Landeskirche in Württemberg, Stuttgart 1996, S. 504 © Gesangbuchverlag

Aufgaben:

1. »Himmel, Erde, Luft und Meer« und die »Seele« der Menschen stehen in diesem Kirchenlied in einem Zusammenhang. Um diesen zu erkennen, musst du folgende Sätze ergänzen: a. Mit der Aufforderung »Seht ...« in der 2. bis 5. Strophe wird hingewiesen auf: ... b. Ihnen werden folgende »Tätigkeiten« zugewiesen: ... c. In Strophe 1 und 6 wird über die Seele Folgendes ausgesagt: ...
2. Male einen Schmuckrahmen für das Lied aus Elementen, die darin vorkommen.
3. Die Sichtweise des Liedes auf »Himmel, Erde, Luft und Meer« unterscheidet sich von einer naturwissenschaftlichen Sichtweise auf diese Elemente. Denke beispielsweise an einen Wetterbericht. Worin besteht der Unterschied?
4. Wo kommen die beiden verschiedenen Sichtweisen jeweils vor?
5. Warum sind beide für die Erhaltung unserer Schöpfung wichtig?

M3/3 Die Micha-Initiative

Die Micha-Initiative will Christinnen und Christen zum Engagement gegen weltweite Armut und für Gerechtigkeit begeistern. Sie bezieht sich mit ihrem Namen auf den Propheten Micha: *Es ist dir gesagt,*
5 *Mensch, was gut ist und was der HERR von dir fordert, nämlich Gottes Wort halten und Liebe üben …* *(Micha 6,8).*

»Da merkte ich, dass es nichts Besseres dabei gibt als fröhlich sein und sich gütlich tun in seinem Leben«
10 (Prediger 3,12). Gern tun wir das, was der Prediger rät, nämlich gut essen und trinken und uns so kleiden, wie wir es schön finden. Das ist ja heute mit wenig Geld zu bekommen, etwa beim Discounter. So ist es leicht zu denken: Schön, dass Gott uns so sehr liebt, dass er es
15 möglich macht, die vielen Dinge preiswert zu bekommen, die uns gefallen. Stimmt das wirklich? Für wen gilt das, wozu der Prediger rät, nämlich das Leben zu genießen mit Dingen, die es uns erlauben, »uns gütlich zu tun«? Wenn, dann gilt dies doch für alle Men-
20 schen und nicht nur für die, die im Wohlstand leben. Denn alle sind von Gott geliebte Menschen. Aber noch immer leben weltweit mehr als 1,2 Milliarden Menschen in extremer Armut. Das bedeutet, dass sie sich nicht einmal die allernotwendigsten Dinge kaufen können wie ausreichende Nahrung und angemessene 25 Kleidung. Und weitere Milliarden Menschen müssen oft unter unmenschlichen Bedingungen arbeiten, um sich das leisten zu können, was zum Leben ausreicht. Es sind gerade diese Menschen, die Kleidung für uns herstellen. Wir können sie in unseren reichen Län- 30 dern für billiges Geld kaufen. Wenn es aber Gottes Wunsch ist, dass alle Menschen fröhlich sein und es sich gut gehen lassen können, dann dürfen wir das einfach nicht hinnehmen. Schauen wir noch einmal auf den Bibeltext: »Sich gütlich tun« lässt sich auch 35 mit »Gutes tun« übersetzen, und das heißt: auch anderen Gutes tun! Könnte das nicht zusammengehören: Anderen Gutes zu tun und sich selbst gütlich tun? Unsere Gesellschaft vermittelt uns oft den Eindruck, als ob wir uns entscheiden müssten: Soll etwas ökolo- 40 gisch korrekt sein oder gut aussehen? Gott hat einen anderen Plan; Gott will Gerechtigkeit. Er will, dass alle Menschen fröhlich sind und sich gütlich tun können.

www.micha-initiative.de/live/sites/default/themes/micha/images/gutzutragen2014_Materialheft.pdf, leicht bearbeitet
© Micha-Initiative Deutschland, Leipzig

Aufgaben:

1. »Prediger« ist ein Buch im Alten Testament. Fasse zusammen, was der Prediger uns heute rät.
2. Sucht in Bibeln Lebensweisheiten zu »Gerechtigkeit«, schreibt sie auf, lest sie einander vor.
   a) Ihr könnt eure Lebensweisheiten auf einer »Wäscheleine« im Klassenzimmer aufhängen oder ein Mobile daraus basteln.
   b) Formuliert, was die Lebensweisheiten bedeuten.
3. In Belfast, Nordirland fand eine Frau in der Hose einer Modekette einen eingenähten Zettel mit einem Hilferuf: »SOS! SOS! SOS!« Die Näher hatten darauf geschrieben, dass sie arbeiten müssten »wie Ochsen« und dass das Essen der Fabrik für Tiere ungenießbar wäre. Was würdest du tun, wenn du ein solches Etikett in einer neu gekauften Hose fändest?

© WELTbewusst (weltbewusst.org)

Für Markenschuhe geben die meisten Jugendlichen viel aus, aber woher kommen eigentlich die Schuhe und wohin geht das Geld, das sie dafür bezahlen?

Viele Turnschuhe werden in Asien, aber auch in
5 Äthiopien genäht, denn dort ist es am günstigsten. Alle bekannten großen Marken, auch die, die aus Deutschland stammen, lassen dort nähen. Die Markenproduzenten haben meist keine eigenen Fabriken dort, sondern lassen von billig produzierenden,
10 ihnen untergeordneten Unternehmern Waren ferti-

gen. Weil aber der Preis möglichst niedrig sein soll, verdienen die Arbeiterinnen und Arbeiter auch entsprechend wenig. Eine Näherin verdient an einem 100-Euro-Schuh nur etwa 40 Cent. Ihr Verdienst ist in den 4 % »Sonstiges«, also in den Produktionskos- 15
ten (4 €) enthalten.

www.weltbewusst.org/konsum-turnschuhe/
© Jugend im Bund für Umwelt und Naturschutz
Deutschland e. V. (BUNDjugend)

Aufgaben:
1. Wohin geht das Geld, das du für neue Schuhe bezahlst? Erkläre die Grafik.
2. Der »Einzelhandel« ist etwas altmodisch dargestellt. Warum? Wo kaufen Menschen heute ein? Tun sie dies im Geschäft am Ort, in einer großen Stadt oder im Internet?
   Wer bekommt die 13 % Profit? Wie wirkt sich das auf den Einzelhandel aus?
3. Male ein Paar Schuhe nach deinem Geschmack und überlege:
   a) Welche Materialien aus welchen Ländern würde ich verwenden?
   b) Wie kann ich dafür sorgen, dass die Schuhe auf umweltverträgliche Weise produziert werden?
4. Stelle dir vor, du hast ein Unternehmen, das umweltfreundliche und sozial faire Schuhe herstellt. Denke darüber nach:
   a) Wie viel soll der Schuh insgesamt kosten?
   b) Wie viel sollen die Fabrikarbeiterinnen und -arbeiter bekommen?
   c) Was sollen Material und Transport kosten?
   d) Wie viel soll der Schuhhandel bekommen?
   e) Wie viel willst du selbst als Unternehmerin oder Unternehmer daran verdienen?

In einem besonderen Katalog wird das Ergebnis einer Untersuchung von mehr als 350 Modemarken dargestellt: Die Marken wurden auf ihre Maßnahmen zu Klimaschutz, Umweltschutz und zu fairen Arbeitsbedingungen in der Produktion untersucht. Die deutliche Mehrheit der vorherrschenden Marken gibt leider kaum Anlass für ein gutes Gefühl beim verantwortungsbewussten Kleiderkauf. Einige Hersteller großer Marken übernehmen aber doch Verantwortung. Sie haben Maßnahmen getroffen, die darauf hinweisen, dass auch die großen Hersteller Antworten auf dringende Probleme bei der Produktion von Kleidung finden. So wird zum Beispiel Kleidung unter besseren Arbeitsbedingungen hergestellt. Bei Schuhen wird statt synthetischem Gummi vor allem Bio-Baumwolle und natürlicher Kautschuk verarbeitet. Eine bekannte Firma produziert ihre Schuhe nur in Deutschland. Eine Jeans-Firma verzichtet konsequent auf das Bestrahlen der Jeans mit Sand, was sonst üblich ist, um die Hose abgenutzt wirken zu lassen.

blog.rankabrand.de/2014/03/26/feelgoodfashion-report-2014/ © Rank a Brand e. V.

Aufgaben:
1. Kann man es schaffen, einen Lebensstil zu finden, der anderen und einem selbst guttut? Versuche Antworten in den Texten M3/3 und M3/5 zu finden.
2. Im Stil von Waschanleitungen bieten die Grafiken kritische Hinweise auf die Art der Produktion. Entwirf ein Gegenmodell mit der Überschrift »Made in Heaven« und stelle in Symbolen eine menschenwürdige und umweltverträgliche Art der Produktion dar.

© Kampagne für saubere Kleidung (CCC)

Sandra Krautwaschl sitzt mit ihren Freunden zusammen. Man ist sich einig: Kunststoffe sind eine Gefahr für Mensch und Tier. Doch ohne Plastik zu leben, das sei nicht mehr möglich, sagen die Freunde. »Das
5 werden wir sehen«, sagt Frau Krautwaschl. »Meine Familie und ich werden einen Monat lang plastikfrei einkaufen.« Die drei Kinder Samuel, Marlene und Leonard finden die Idee aufregend, vier Wochen ohne Plastik zu leben. Auch ihr Mann erklärt sich bereit
10 dazu, allerdings unter einer Bedingung: »Es muss Spaß machen, wenn es zu stressig wird, steige ich aus.« Brotdose, Duschgel, Eimer – vor dem alten Dorfhaus, in dem die Familie lebt, ragen Berge aus Plastik empor. Sandra Krautwaschl sagt entsetzt: »Mit meinen
15 ständigen Spontankäufen bin ich die Plastikeinkäuferin Nummer eins in der Familie.« Der siebenjährige Leonard ist weniger begeistert: »Die Ritterburg bleibt da«, sagt er. Auch ist unklar, was mit dem Geschirrspüler, dem Computer und der Waschmaschine
20 passieren soll, denn in allem steckt Plastik. Am Ende siegt der Gedanke der Zweckmäßigkeit und die Haushaltsgeräte bleiben. Beim ersten Einkauf geht Sandra Krautwaschl in den Bioladen. Scheuermilch, Shampoo, Seife sind in Plastikflaschen abgefüllt. Fortan
25 soll das nicht mehr in die Tüte kommen. Aber: Auch bei Blechkannen oder Blechdosen sind die Innenbeschichtungen oder der Deckel aus Plastik. Das Ehepaar ist frustriert, aber will nicht aufgeben. Peter und Sandra Krautwaschl lockern daraufhin die Regeln:
30 Wenn es sich nicht vermeiden lässt, wollen sie eben Kompromisse eingehen. Nach dem Ende des Experi-

ments behält die Familie ihren neuen Lebensstil bei. Sie gibt, unterm Strich, für ihre Einkäufe nicht mehr Geld aus als früher. Von der wöchentlichen Einkaufsliste haben sie viel gestrichen. Sie haben aber das Ge- 35 fühl, dass sie bessere Lebensmittel und Produkte erstehen. Zum Putzen verwenden sie nun Essig und milde Seifen. Stoffsäckchen, Gläser und Dosen liegen stets zum Einkauf bereit. Sandra Krautwaschl beschreibt den Weg, den ihre Familie gegangen ist, 40 so: »Vom Kunststoff zum Echtstoff.« Sie ist sicher, dass das Leben ohne Plastik viel einfacher geworden ist. Ihre Erkenntnis nach drei Jahren ohne Plastik: »Man braucht für ein glückliches Leben viel weniger, als man denkt.« 45

Britta Schwanenberg: Leben ohne Plastik: Ein Selbstversuch, www.planet-wissen.de/technik/werkstoffe/kunststoff/ pwielebenohneplastikeinselbstversuch100.html, leicht bearbeitet © Westdeutscher Rundfunk Köln

Aufgaben:
1. Überlege dir, wie man einen Geburtstag ohne Plastik und mit viel Spaß feiern kann.
2. Denke dir eine »Superman«- oder »Superwoman«-Figur aus, die gegen Plastik kämpft und beschreibe in Ich-Form, was sie alles bewirkt.
3. Beschreibe das Meer und seinen Strand ohne Plastik aus der Perspektive eines Krebses.
4. Wie haben die Menschen eingekauft, sich ernährt, sich gepflegt und gekleidet, als es noch nicht so viel Plastik gab? Vielleicht können dir ältere Menschen bei der Beantwortung dieser Fragen helfen.
5. Frau Krautwaschl beschreibt den Weg ihrer Familie so: »Vom Kunststoff zum Echtstoff«. Was meint sie damit? Mache weitere dazu passende »Wegbeschreibungen« nach dem Muster: Vom … zum …

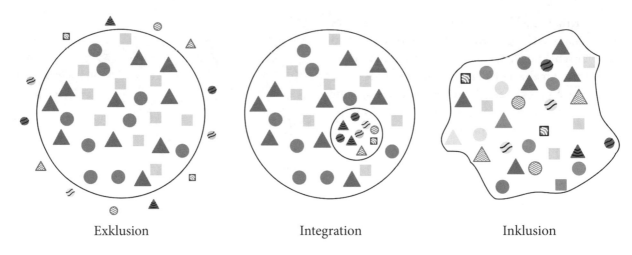

| Exklusion | Integration | Inklusion |

© Patrick Grasser, bearbeitet

Das Wort »Inklusion« stammt vom lateinischen Begriff »includere«, das heißt: »einschließen« und ist das Gegenteil von »excludere«, das heißt: »ausschließen«. »Inklusion« ist auch zu unterschei-
5 den von »Integration«. Das Lateinische »integratio« meint »Erneuerung«. Bei uns wird es aber im Sinne von »Hereinholen« verstanden und meist auf behinderte Menschen sowie auf Ausländerinnen und Ausländer bezogen, die oft ausgeschlossen wurden und werden. »Inklusion« bezeichnet 10 das gemeinsame Arbeiten und Leben aller Menschen und natürlich auch das gemeinsame Lernen.

Aufgaben:

Stellt die Grafik im Klassenzimmer nach: Einige halten ein graues Blatt in der Hand, welches für die einfarbigen Formen steht. Andere halten ein Blatt in den Farben gelb, orange, grün, rot, violett, hellblau und dunkelblau, welche für die gemusterten Formen stehen:

1. Zuerst bilden die »Grauen« einen Kreis, in den sie die »Bunten« nicht hineinlassen. Beide Gruppen sagen, wie sie sich fühlen.
2. Die »Grauen« lassen eine kleine Lücke in ihrem Kreis frei, in die die »Bunten« sich einpassen dürfen. Wieder sagen die »Grauen« und die »Bunten«, wie sie sich jeweils fühlen.
3. »Graue« und »Bunte« ordnen sich so zueinander an, dass eine bunte Fläche entsteht. Es muss nicht unbedingt ein Kreis sein. Jede und jeder Einzelne sagt etwas darüber, wie sich das jetzt anfühlt.

M 3/8 Exklusion, Integration und Inklusion

I.

Ina L. arbeitet als Küchenhilfe. Sie hat das Downsyn-
drom und ist minderwüchsig. Nach längerer Vorbe-
reitungszeit in einer Schule und einem Praktikum
bekam sie einen Arbeitsvertrag in einer Küche. Sie
5 beschreibt ihre Tätigkeit so: »Ich arbeite in der Küche des Mutter-Rosa-Altenzentrums. Morgens be-
ginne ich meistens mit dem Waschen und Putzen

von Salat oder Gemüse, das ich dann auch schneide. Danach fülle ich Nachtisch in kleine Schalen um
und dekoriere sie. Als nächstes beginnen wir mit der 10
Essensausgabe.«

www.sozialpolitik.com/public-files/AB_Inklusion-2.pdf
© Stiftung Jugend und Bildung in Zusammenarbeit mit dem
Bundesministerium für Arbeit und Soziales

Infobox Down-Syndrom

Beim Down-Syndrom handelt es sich um eine Veränderung in den Erbanlagen des menschlichen Körpers
und nicht um eine Krankheit. Dies kann unter anderem dazu führen, dass Kinder mit Down-Syndrom
nicht so gut sehen und hören. Man ist heute aber in der Lage, ihnen medizinisch zu helfen, sodass sie viele Chancen haben, auch beruflich voranzukommen.

II.

Lisa erzählt: »Ich gehe in den Kindergarten. Aber meine Eltern können das Mittagessen dort nicht bezahlen,
weil sie arbeitslos sind und wir deswegen nicht so viel
15 Geld haben. Die anderen Kinder schauen mich schon
immer ganz komisch an, wenn ich kurz vor dem Mittagessen nach Hause gehe. Ich sage dann: ›Das Essen
zu Hause ist viel besser.‹ In Wirklichkeit gibt es oft
nur belegte Brote.« Lisa hat noch einen großen Bru-
20 der, Felix. Neulich hat er gesagt: »Ich will nicht an der
Klassenfahrt an den Bodensee teilnehmen. Ich weiß,
dass der Elternverein eine Kasse hat, aus der Reisen
für Kinder mit armen Eltern bezahlt werden. Aber
das will ich nicht. Ich schäme mich.«

III.

Eine Erzieherin im Ruhestand erzählt, dass man Kin- 25
dergärten in den 60er und 70er Jahre stark voneinander unterschieden hat. Man richtete sogenannte
Sonderkindergärten ein, die nach Behinderungsarten
der Kinder unterschieden. Es gab z. B. Einrichtungen
für körperbehinderte und geistig behinderte Kinder. 30
Ähnlich ist man mit ausländischen Kindern umgegangen. Sie wurden je nach ihrem Herkunftsland in unterschiedliche Gruppen eingeteilt. Man dachte damals,
dass man Kinder nur in »Spezialgruppen« richtig för-
dern und ihnen helfen kann. Dabei hat man aber ver- 35
gessen, dass man sie aus ihrem Umfeld riss. So konnte
zum Beispiel ein geistig behindertes Mädchen nicht
mehr mit ihrer Freundin aus der Nachbarwohnung
zusammen spielen, die ja in einen Kindergarten für
nicht-behinderte Kinder geschickt wurde. 40

Aufgaben:

1. Bildet Gruppen und fasst zusammen, worum es in den drei Beispielen jeweils geht.
2. Ordnet die drei Beispiele dem Begriff »Exklusion«, »Integration« oder »Inklusion« zu und begründet dies.

M 3/9 Der Heilige Geist als Wind

Ein Boot ist auf dem Meer unterwegs und pflügt durch das Wasser, weil der Wind die Segel füllt. Der Wind ist ein Bild für den Geist Gottes. Das Boot sind wir. Der Heilige Geist will uns sozusagen in Bewegung brin-
5 gen, uns Kraft zum Vorankommen geben.

Auf den Vergleich des Heiligen Geistes mit dem Wind kann man kommen, wenn man die erste Seite der Bibel liest. Da steht: »Am Anfang schuf Gott Himmel und Erde […] und der Geist Gottes schweb-
10 te auf dem Wasser« (1. Mose 1,1 f.). Dieser Text ist ursprünglich auf Hebräisch geschrieben, und in dieser Sprache ist das Wort für Geist »Ruach«. Es bedeutet »Wind«. Es kann aber auch Sturm, Atem, Geist, Lebenskraft, Energie und Ähnliches bezeichnen. Die
15 Ruach ist weiblich; also müsste man das Wort eigentlich mit »Geistin« übersetzen, einem Wort, das es im Deutschen jedoch nicht gibt. Man kann aber sagen: Die Geistkraft Gottes.

Gottes Geistkraft rüttelt manche Prophetinnen und Propheten auf. Auch Jesus war von Gottes Geist erfüllt 20 und konnte so Menschen heilen. Er hat Gottes Geist einmal mit dem »Wind« verglichen, der »bläst, wo er will« (Johannes 3,8). Auch einen weiteren Namen hat er dem Geist gegeben: Tröster (Johannes 14,16). Die Jüngerinnen und Jünger erleben das. Wir hören da- 25 von in der Geschichte, die zu Pfingsten in allen Kirchen gelesen wird. Als Jesus nicht mehr bei den Seinen war, wussten sie nicht, wie es weitergehen sollte. Beim Pfingstfest waren alle an einem Ort zusammen, und plötzlich kam dieses Brausen vom Himmel (Apostel- 30 geschichte 2,2). Sie wurden vom Geist Gottes erfüllt. Dies ist der Gründungstag der Kirche, sozusagen ihr Geburtstag.

Das Kirchenlexikon – H wie Heiliger Geist von Jan von Lingen, www.ndr.de/kirche/geist100.html, leicht bearbeitet © Norddeutscher Rundfunk

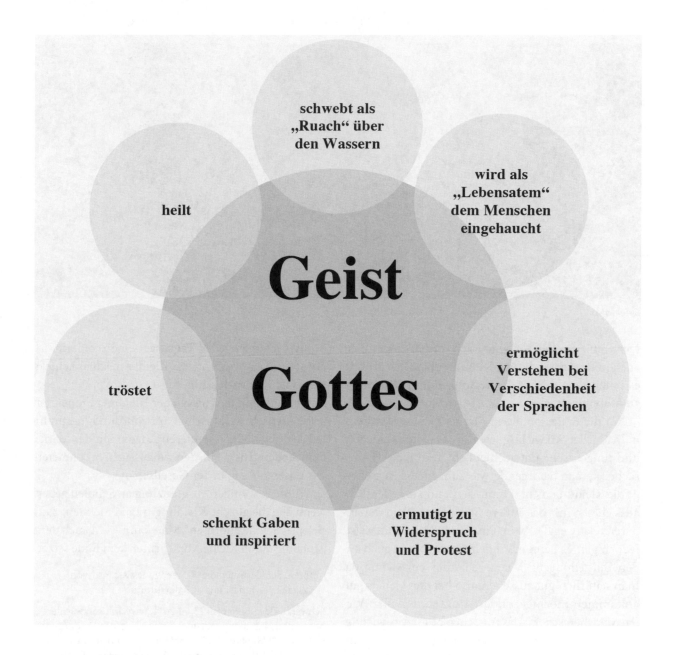

Aufgaben:

1. Lest Apostelgeschichte 2,1–13; 42–47.

   a) Welchen Stichworten in der Grafik könnt ihr die Geschichte zuordnen?

   b) Erfindet eure eigene »Pfingstgeschichte«. Lasst euch durch folgende Sätze anregen:

   »… da ging mir plötzlich ein Licht auf!« »… da war ich Feuer und Flamme!« »… und Menschen konnten einander verstehen!«

2. Lest in Gruppen die folgenden Bibelstellen und ordnet sie den Stichworten in der Grafik zu: 1. Mose 1,1 f.; 1. Mose 2,7; Jesaja 61,1–4; Hesekiel 1,1–9; Apostelgeschichte 2,1–13; 42–47; Lukas 4,16–21; Johannes 3,8; 14,26; 1. Korintherbrief 12,1–11; 28.

M4/1 Machen Kleider Leute?

© JeHoMi

Die Kluft zwischen arm und reich wird immer größer, auch in Bezug auf die Mode. Immer häufiger kommt es unter Jugendlichen heute aufgrund der Kleidung zu Mobbingattacken.

Auf die Frage, ob ihnen Markenkleidung und ein individueller Stil wichtig seien, antworteten Mädchen und Jungen sehr unterschiedlich: »Nein, die Hauptsache ist, man hat irgendetwas zum Anziehen. Solange die Kleidung nicht schmutzig ist und unordentlich aussieht, ist mir das äußere Erscheinungsbild der anderen relativ egal«, meint ein 14-jähriger Gymnasiast. Jedoch gibt es beim männlichen Geschlecht auch andere Einstellungen: »Mir ist Kleidung sehr wichtig, da man natürlich gut aussehen und bei den Mädels gut ankommen möchte«, erklärt ein Zehntklässler. Vielen Mädchen scheint das Aussehen besonders wichtig zu sein, weil man sich von der Menge abheben kann. »Markenklamotten sind mir direkt nicht wichtig, würde ich sagen … Aber auf mein Äußeres achte ich schon.

So style ich mich jeden Tag«, sagt eine Schülerin. Ist etwas dran an dem Spruch »Kleider machen Leute«? Der erste Eindruck zählt oft.

Obwohl in unterschiedlicher Kleidung immer derselbe Mensch steckt, sehen wir ihn durch bestimmte Kleidung mit ganz anderen Augen. Mit der Marke, dem Stoff und dem Stil, den wir aussuchen, definieren wir unseren Rang in der Gesellschaft.

Würde es weniger Ausgrenzung an Schulen geben, wenn alle die gleiche Kleidung tragen müssten, zum Beispiel Schuluniformen? Man kann wohl auch dem Mobbing durch Kleidervorschriften kein Ende setzen.

Autoren: Schülerinnen der Klasse 9b des Richard-von-Weizsäcker-Gymnasiums in Baiersbronn.

Schwarzwälder-Bote vom 13.04.2011, www.schwarzwaelder-bote.de/inhalt.freudenstadt-mobbing-wegen-des-kleidungsstils.a32cbbb8–2981–49e3-bfb7-a85bf1ba9f69.html, leicht bearbeitet © Schwarzwälder Bote Mediengesellschaft mbH

Aufgaben:
1. Diskutiert darüber, ob euch Markenkleidung und ein individueller Stil wichtig sind.
2. Würde es weniger Ausgrenzung an Schulen geben, wenn alle die gleiche Kleidung tragen müssten?
3. Schuluniform ja oder nein? Stellt einen »Pro-Stuhl« und einen »Contra-Stuhl« vor der Klasse auf. Eine Schülerin beginnt damit, dass sie sich auf den »Pro-Stuhl« setzt und Argumente anführt. Danach muss ein Schüler den »Contra-Stuhl« mit einem Gegenargument besetzen usw. Am Schluss wird abgestimmt.

M4/2 Kleider machen Leute!

© Kurhan/fotolia

© luismolinero/fotolia

Die Fotos zeigen eine Ärztin und einen Anlagenmechaniker jeweils in ihrer Berufskleidung und in Freizeitkleidung.

Aufgaben:

1. Betrachtet die Fotos und nehmt Stellung zu dem Satz »Kleider machen Leute«.
2. Ihr könnt euch auch einmal selbst verschieden kleiden, z. B. im Schul-Shirt, in »Freizeituniformen« wie Sporttrikots etc. und dann in legerer Alltagskleidung und euch in den verschiedenen Ansichten fotografieren. Anschließend könnt ihr euch darüber austauschen, welche Wirkungen das bei euch hinterlässt. Sprecht zunächst im Zweier-Team und anschließend in der Gruppe.

Pikay, ein indischer Junge, geboren 1949, muss erfahren, was es bedeutet, als unrein und unberührbar angesehen zu werden. Jahrhundertelang prägte die Einordnung von Menschen in unterschiedliche Kasten das gesellschaftliche Leben in Indien und hat dort bis heute tiefe Spuren hinterlassen. Die Trennung der »reineren« von »unreineren« Kasten bildet die Grundlage dieser Einordnung. Der Kontakt mit »Unreineren« gilt für Brahmanen, die zu den reineren Kasten gehören, als Beschmutzung und erfordert Reinigungsrituale.

Pikays Klasse bekam ein Beet in einem Küchengarten an einem Ende des Schulhofs zugeteilt. Dort pflanzten die Schüler gemeinsam Gurken, Okra, Auberginen und Tomaten. Wenn das Gemüse reif wäre, dürften sie es ernten und mit nach Hause nehmen. Pikay durfte dabei sein und säen und wässern. Niemand beschwerte sich darüber, dass er die Samen und das Wasser berührte.

Als die Erntezeit kam, bekam er einen eigenen Korb, während die anderen in der Klasse sich einen teilten. Das war, damit das Gemüse der anderen nicht von seiner Unreinheit befleckt würde, das war ihm klar. Doch er scherte sich nicht groß darum, sondern dachte vielmehr an all die guten Tomaten, die er seiner Mutter nach Hause bringen würde. Er war so begeistert darüber, zum Haushalt beitragen zu können, dass er zum Garten lief, über den Wasserschlauch stolperte und an den gemeinsam Korb der anderen Kinder stieß, sodass die obersten Tomaten auf den Boden rollten. Schnell beugte er sich herab, sammelte die Tomaten auf und legte sie zurück.

Sein Lehrer reagierte verärgert. »Ist dir klar, was du da gemacht hast? Jetzt hast du das ganze Gemüse verunreinigt!« schimpfte er. Pikay stand wie versteinert

da und sah zu, wie der Lehrer den Korb an sich riss. Er ahnte schon, dass etwas Unangenehmes passieren würde. Dann hob der Lehrer den gemeinsamen Korb hoch und schüttete in seiner Wut alle Tomaten über ihm aus. Ein Regen von Früchten prasselte auf seinen Kopf und dann auf den Boden, während der Rest der Klasse mucksmäuschenstill im Kreis um ihn herum stand und zusah. Der Lehrer meinte, er könne nun genauso gut alles Gemüse mit nach Hause nehmen, denn es wäre ja sowieso alles besudelt. Weinend sammelte er die Tomaten auf und legte sie in den Korb.

Seine Mutter freute sich, als er mit dem wohlgefüllten Korb nach Hause kam, doch als er erzählte, wie es dazu gekommen war, war sie niedergeschlagen. Sie fürchtete, dass er nicht mehr in die Schule würde gehen wollen und dass der Lehrer und die anderen Schüler und deren Familien anfangen würden, sie zu drangsalieren.

[Pikay darf weiter zur Schule gehen, wird aber ausgegrenzt und diskriminiert.]

An den Tagen, an denen der Schulinspektor zu Besuch kam, war alles anders. Der Inspektor sollte kontrollieren, ob die Schule die Gesetze Indiens befolgte, die besagten, dass niemand aufgrund seiner Kaste diskriminiert werden dürfe. […] Die Gegenwart des Inspektors veranlasste den Lehrer und die Klassenkameraden, Pikay anders zu behandeln. Am Morgen erklärte der Lehrer, dass Pikay natürlich bei seinen Klassenkameraden im Klassenzimmer sitzen sollte – gerade so, als ob die Unberührbarkeit nur ein böser Traum gewesen sei. Er durfte in der Gemeinschaft dabei sein, Schulter an Schulter bei den anderen am Boden sitzen und in den Pausen mit ihnen spielen. Niemand sagte zu ihm, er müsse Abstand halten. Er war so froh, fühlte sich so frei und merkte am Anfang gar nicht, dass alles nur eine Show war, und dass, sowie der Inspektor vom Hof gefahren wäre, die Hölle weitergehen würde.

Wenn er das geahnt hätte, wäre er nicht so gut gelaunt gewesen.

90 Am Abend erzählte er seiner Mutter, wie er die anderen Kinder beeindruckt hatte, weil er die Fragen des Inspektors richtig beantworten konnte. Da sah sie stolz aus und war so gerührt, dass sie weinte. Er mochte die Gefühle, die er in ihr erzeugte, denn dadurch fühlte er sich wichtig und wertvoll. Einige Jahre später, als er Teenager war, erkannte er, dass sie in Wirklichkeit über die Heuchelei geweint hatte und darüber, dass die Gemeinschaft nur eine Kulisse war, die an den Tagen aufgezogen wurde, an denen der Inspektor zu Besuch kam.

[Der Inspektor kam öfter und jedes Mal, wenn er das Klassenzimmer verlassen hatte, um in sein Schulbüro zurückzufahren, fand folgende Zeremonie statt:]

Der Lehrer, der Brahmane war, und die Klassenkameraden gingen dann gemeinsam runter zum Teich und schrubbten ihre Körper mit Seife und Wasser. Sehr lange standen sie da und wuschen sich, als wären sie in einen Misthaufen gefallen.

Jetzt wusste er, warum.

Als er von der Schule nach Hause kam, weinte er verzweifelt. Seine Mutter tröstete ihn. »Die waren so schmutzig«, sagte sie. »Wie gut, dass du sie dazu gebracht hast, zu baden. Die mussten sich wirklich mal waschen. Igitt, wie die stanken!« So redete sie immer weiter, bis er aufgehört hatte zu weinen. Auch wenn er wusste, dass nicht stimmte, was sie sagte, betteten ihre tröstenden Worte doch den Schmerz warm und weich ein. Es gab einen Menschen, der ihn nicht mied.

Per J. Andersson: Vom Inder, der mit dem Fahrrad bis nach Schweden fuhr, um dort seine große Liebe wiederzufinden. Eine wahre Geschichte, Köln 2015, S. 56–60
© Verlag Kiepenheuer & Witsch GmbH & Co. KG

Aufgaben:

1. Warum verhält sich der Lehrer beim Besuch des Schulinspektors anders als sonst? Wie empfindest du das?
2. In unserem Land gab und gibt es kein Kastenwesen. Aber nehmen wir bei uns in Deutschland vielleicht auch Einteilungen von Schülerinnen und Schülern vor, die diskriminierend sind?
3. Stelle dir vor, deine Klasse legt einen Schulgarten mit Gemüse an. Plane alle Schritte – vom Anlegen des Beetes über die Aussaat bis zur Ernte – genau durch und überlege dir, wie du vorgehen würdest, damit alle Freude daran haben.
4. Schülerinnen und Schüler, Lehrerinnen und Lehrer sowie die Schulleitung und die Eltern können dazu beitragen, dass eine wirkliche Schulgemeinschaft entsteht. Welche Möglichkeiten haben sie?

M4/4   Inklusion praktisch

© imago/Michael Schick

Schülerinnen und Schüler der inklusiven Gemeinschaftsgrundschule Bonn (Kettelerschule) erklären, was mit »Inklusion« gemeint ist. Die Mädchen und Jungen im Alter von sechs bis zwölf Jahren, mit und
5 ohne Behinderungen, aus 29 Herkunftsländern kommend, haben sich mit großem Engagement mit der Thematik »inklusive Bildung« auseinandergesetzt. Sie haben Folgendes auf eine Tafel geschrieben:

www.bildungskampagne.org/die-kinder-der-bonner-kettelerschule-erklaeren-inklusion
© Ute Hennig, Inklusive GGS Kettelerschule

> Jeder Mensch **I**st etwas Besonderes.
> Alle sind a**N**ders.
> Kinder aus verschiedenen **K**ulturen
> lernen zusammen.
> Alle dürfen in die Schu**L**e kommen.
> Alle sehen verschieden a**U**s.
> Alle haben **S**tärken und Schwächen.
> Alle dürfen mitbest**I**mmen.
> Jeder soll sich w**O**hlfühlen.
> Alle arbeiten zusamme**N**.

Aufgaben:
1. Betrachte das Bild. Was siehst du?
2. Was ist wohl mit »verschiedenen Kulturen« gemeint? Frage deine Lehrerin oder Schüler aus der Oberstufe.
3. Ordne einer oder mehreren der Aussagen, die oben im Text gemacht werden, einer der folgenden Bibelstellen zu: 1. Mose 1,26 f.; Sprüche 31,8; 1. Samuel 16,7; Psalm 139,5; Markus 10,21 f.; Lukas 1,52 f.; Johannes 9,2 f.; Galater 3,26–28.

M 4/5 (M)eine Vision von Schule

Unterricht	Schulleben	Projekte
Klassenregeln	Ausflüge	Projekttage
Klassenrat	Schulfeste	Sozial-/Diakoniepraktikum[1]
Klassenstunde	Schülerzeitung	Training zum Umgang mit Sucht, Gewalt, Mobbing …
Schönes Klassenzimmer	Gottesdienste	Partnerschaften
Aufgaben im Klassenzimmer	Schülermitverwaltung (SMV) Verantwortliche Beteiligung der Schülerinnen und Schüler am Schulleben	Streitschlichter
Preise und Auszeichnungen	Schullandheim	Patenschaften
Partner- und Teamarbeit	Wettbewerbe	Reisen
…	…	…

Schul-Modell: Gabriele Bartsch/Kathrin Vogelbacher: In drei Schritten zum Schulcurriculum *Soziale Kompetenzen*. Ein Leitfaden, in: Gottfried Adam/Heinz Schmidt/Uta Hallwirth (Hg.), unter Mitarbeit von Kerstin Keuter: Diakonisch-soziales Lernen. Ein religionspädagogischer Reader, Münster 2013, (139–142), S. 142, leicht bearbeitet © Landesinstitut für Schulentwicklung in Kooperation mit mehrwert gGmbH, Agentur für Soziales Lernen

1 Das Wort »*Diakonie*« kommt aus dem Griechischen und bedeutet: Dienst. Es bedeutet auch: Nächstenliebe. Diakonische Einrichtungen sorgen für hilfsbedürftige Menschen.

Aufgaben:

1. Bildet je eine Gruppe zum Thema: »Unterricht«, »Schulleben«, »Projekte« und schaut euch die jeweiligen Begriffe an. Findet ihr die einzelnen genannten Elemente für eine Schule wichtig? Wenn ja: Bildet eine Ranking-Liste.
2. Ergänzt die Spalten mit weiteren Aufzählungen.
3. Spielt der Religionsunterricht eine Rolle im Schulleben? Wenn ja, welche?

Baustein A: Fliehen – aber wohin?

Wolfgang Weber

Immer wieder schreckte Joseph hoch. Neben sich hörte er den ruhigen Atem Marias. Auch das Kind schlief fest. Joseph hatte einen Traum, nicht das erste Mal. Es war immer dieselbe Stimme, die zu ihm sprach: *Steh auf, nimm das kleine Kind und deine Frau und flieh* (Matth. 2,13). Joseph dachte an Herodes. Er war – wie alle Diktatoren[1] – bekannt wegen seiner Unberechenbarkeit und Brutalität. Seiner Geheimpolizei war der Besuch jener drei Gelehrten aus dem Osten nicht verborgen geblieben. Joseph wusste, dass es nur eine Frage der Zeit sei, bis sie mit Hausdurchsuchungen, willkürlichen Verhaftungen und Folter beginnen würden.

Es war ihm klar: Er konnte hier mit Maria und dem kleinen Kind nicht bleiben. Er musste fliehen – aber wohin? Vielleicht nach Ägypten? Er hatte von diesem Land viel Gutes gehört. Nicht nur, dass es sich um eine altehrwürdige Kultur handle, sondern vor allem, dass es dort einen Rechtsstaat gebe, der in der Welt seinesgleichen suche. Dort, so hatte er gehört, herrsche Religionsfreiheit. Dort gebe es ein Gesetz, das jedem Flüchtling Asyl gewähre, wenn er in Not sei. Außerdem gehöre Ägypten zu den reichsten Ländern der Erde. *Da stand Joseph auf, nahm das Kind und seine Mutter und zog mit ihnen nach Ägypten* (Matth. 2,14).

Viel mitnehmen konnten sie nicht, außer dem Allernötigsten, wie z. B. Kleidung und Proviant, dazu ein Umschlagtuch, worin ihr ganzes erspartes Geld eingenäht war. Aber vor allem nahmen sie viel Hoffnung mit. Die konnten sie gut gebrauchen. Es war eine mühselige Wanderung. Auf dem letzten Stück erbarmte sich ihrer eine Karawane. Und dann – endlich – kamen sie an die Grenze. Sie mussten sich bei der Regierungsstelle melden. Es war eine große Anlage mit mehreren Blocks. Außerdem gab es ringsherum einen großen Eisenzaun. Das Ganze war früher wohl mal eine Kaserne gewesen, dachte Joseph.

Ein Mann in Uniform führte die Ankömmlinge in einen kleinen Raum. Hinter dem Tisch mit Bergen von Papier aßen zwei Männer, die sich nicht einmal die Mühe machten, aufzublicken. Joseph verstand kein Wort in der fremden Sprache. Nur das Wort »Herkunftsland« kam ihm sehr bekannt vor. Und da fingen Joseph und Maria an zu erzählen: Von der Flucht vor Herodes, von ihrer Angst vor der Verhaftung. Sie erzählten von Gefängnis, Folter und drohendem Tod. Nach einer Weile merkten sie, dass niemand richtig zuhörte. Dann kam eine Dolmetscherin. Sie sagte zu Joseph: »Du musst einen Asylantrag stellen, für Dich einen, für Deine Frau einen und für das Kind einen. Du musst genau sagen, warum du geflohen bist. Am besten wäre es, wenn du auch den Namen des Polizeibeamten oder der Soldaten nennen könntest, die hinter euch her waren. Hast du schriftliche Belege, Aktenzeichen oder so?« Joseph war völlig verwirrt. War das alle ein Irrtum, ein böser Traum? War das jenes Land, von dem alle sagten, es hätte die freiheitlichste Verfassung[2] der Welt? Das Land mit einer großen Kulturtradition?

Inzwischen war Maria zum Umfallen müde. Das Kind schrie und ließ sich durch nichts beruhigen. Es hatte Hunger und die Windeln waren nass. Endlich kam ein Beamter und führte sie in eine Baracke. Dort wies er ihnen einen Raum zu, etwa 12 qm[3] groß, aber es waren schon zwei Familien darin untergebracht. Und dann der Lageralltag! Joseph wollte arbeiten, aber die Beamten sagten, das sei verboten. Schlimmer war das Gerede der Menschen: »Was wollen diese Faulenzer bei uns? Die wollen doch nur absahnen! Das ist doch nur die typische Gefühlsduselei unserer Regierung. Man sollte ganz schnell unser Grundgesetz ändern, dann hätten wir Ruhe!«

Und dann das Essen. Es gab Gemeinschaftsverpflegung. Nach dem Gesetz des Mose aßen sie ja kein Schweinefleisch. Aber weil es billig war, war es immer im ägyptischen Eintopf mit drin. Schon bei dem Gedanken daran musste Maria erbrechen. Lieber hungern, dachte sie. Für die kleinen Kinder war es besonders schlimm, wenn die Mütter keine Milch mehr hatten. Viele mussten sterben. Auch der kleine Jesus

80 wurde sterbenskrank. Endlich erreichten sie bei der Lagerverwaltung, dass sie einen Brei kochen durften. Übrigens, zur Begründung dieser und ähnlicher Maßnahmen hieß es, die »unechten Asylanten« sollten abgeschreckt werden. Merkwürdig, dachte Maria, wenn

85 die Einheimischen »Asylanten« sagen, dann klingt es so ähnlich wie »Querulanten«[4] oder »Denunzianten«.[5] Außerdem, war es nicht Gotteslästerung, Menschen zum Gegenstand einer Abschreckung zu machen?

Noch ein Wort zum Lager. Es war total überbe-
90 legt. Eine Toilette für 25 Personen. Die Dusche war meistens kaputt. Im Speisesaal war höchstens zehn Minuten Zeit zum Essen. Dann kamen schon die Nächsten dran. Es war alles ganz schrecklich. Hinzu kamen immer wieder Überfälle von jungen Ge-
95 walttätern. Eines Nachts überfielen sie das Lager mit Eisenstangen, brachen die Tür auf, schlugen auf die schlafenden Menschen ein und zündeten eine Baracke an. Seitdem stellten die Lagerbewohner Wachen auf. Aber die Angst blieb.

Aber dann geschah etwas Wunderbares. Eines Ta- 100
ges kamen ägyptische Frauen zu Besuch. Sie beschenkten die Kinder im Lager mit Spielzeug, vereinbarten Termine mit dem Arzt, machten gemeinsame Spaziergänge, und die Kinder der Asylsuchenden schlossen Freundschaft miteinander. Maria, Joseph und die an- 105
deren Flüchtlinge wollten irgendwie ihre Dankbarkeit zum Ausdruck bringen, aber wie? Da kamen die ägyptischen Frauen auf eine Idee: Wie wäre es, wenn ihr uns mal zeigen würdet, wie man bei euch zu Hause kocht? Gesagt, getan. Es kam nicht nur zu einem 110
Austausch von Kochrezepten, sondern auch zu einem schönen Fest. Männer und Frauen, Juden, Ägypter, Menschen der verschiedensten Nationalitäten setzen sich zusammen auf die Strohmatten. Ein weißes Tuch wurde in die Mitte gelegt, und dann wurde miteinan- 115
der gegessen und getrunken, gelacht und getanzt. Vor allem aber wurde viel gesungen. Zuerst sangen die Einheimischen ihre Lieder, dann die Fremden. Es waren wehmütige Lieder, voller Sehnsucht und Heimweh nach Galiläa, ihrer geliebten Heimat. 120

Die Wochen gingen ins Land. Warten und nochmals warten auf die Anerkennung als Asylbewerber. Endlich kam ein Beamter. Ja, sagte er, Joseph und seine Frau könnten bleiben, aber 125
das minderjährige Kind sei bei seiner Rückkehr in die Heimat nicht gefährdet und könne deshalb auch keine Asylberechtigung erhalten. Joseph verstand die Welt nicht mehr. Er und Maria wa- 130
ren »anerkannt«, aber ihr kleines Kind nicht?

Tage des Wartens und Bittens gingen ins Land. Dann hörten Joseph und Maria, dass Herodes gestorben 135
sei. Doch sie blieben misstrauisch. Da erschien wieder der Engel des HERRN dem Joseph und sprach: *Steh auf, nimm das kleine Kind und Maria und ziehe in das Land Israel* (Matth. 2,19 f.). Schon 140
einige Tage später machten sie sich auf den Weg, zurück in die Heimat nach Galiläa, ohne großes Reisegepäck, aber leichten Herzens.

Wolfgang Weber, in: Erich Eßlinger (Hg.): Geöffneter Himmel. Gedanken, Grüße und Geschichten zur Weihnachtszeit, Heidelberg 1999, S. 182–184. (Text an aktuelle Rechtschreibung angeglichen.)

Anton Raphael Mengs: Der Traum des heiligen Joseph (ca. 1773/74)

Baustein B: »Steh auf, nimm das Kindlein und seine Mutter mit dir und flieh«

Ralf Krust

145 Ein Engel, so erzählt es der Evangelist Matthäus, warnt Josef im Traum vor Herodes, der das neu geborene Jesuskind töten lassen will. Denn die Nachricht der Weisen aus dem Morgenland hat Herodes erschrocken: Sie sagten, dass sie den Stern des Kindes gesehen haben

150 und dieses Kind der König der Juden ist. Maria, Josef und das Kind sind also in großer Gefahr. Sie fliehen und retten sich nach Ägypten, damit es am Leben bleibt. So wird es verschont vom Mord des Herodes an allen Kindern in Bethlehem und der Gegend, die

155 zwei Jahre alt und jünger sind. Von der Botschaft des Engels schreibt der Evangelist Matthäus:

Matthäus 2,13b–15a: [D]a erschien der Engel des Herrn dem Josef im Traum und sprach: Steh auf, nimm das Kindlein und seine Mutter mit dir und flieh nach

160 *Ägypten und bleib dort, bis ich dir's sage; denn Herodes hat vor, das Kindlein zu suchen, um es umzubringen. Da stand er auf und nahm das Kindlein und seine Mutter mit sich bei Nacht und entwich nach Ägypten und blieb dort bis nach dem Tod des Herodes.*

165 Flüchtlingselend gibt es nicht erst in unserer Zeit. Auch Jesus war Flüchtling. Über Josef wissen wir nicht viel. Wir wissen nur: Er glaubte und vertraute, wie schon damals, als ihm angekündigt wurde, Maria sei dazu bestimmt, die Mutter von Jesus zu werden, ob-

170 wohl er, der zukünftige Ehemann, nichts damit zu tun hatte. Er hätte das Recht gehabt, nach damaligen Verhältnissen, die Verlobung aufzulösen. Aber er glaubte dem Engel und hielt sich an seine Worte: »Josef, Sohn Davids, fürchte dich nicht, Maria als

175 deine Frau zu dir zu nehmen; denn das Kind, das sie erwartet, ist vom Heiligen Geist.« Schon damals glaubte er dem Engel und vertraute Maria und blieb bei ihr. Dieses Vertrauen hat er behalten. Auch jetzt, als ihm erneut der Engel des Herrn erschien. Er gab Jesus den Schutz väterlicher Nähe. Er begleitete Maria 180 und Jesus nicht nur auf der gefährlichen Flucht nach Ägypten, sondern auch wieder zurück. Er geleitete beide nach Nazareth.

Herodes steht für diejenigen Menschen, die nur in den Vorstellungen von Macht denken können. Millio- 185 nen Menschen werden heute aus der Heimat vertrieben. Ja, Machthaber wie Herodes gibt es auch heute. Angesichts des Flüchtlingselends, das sie verursachen, gibt es nur einen Trost: Das letzte Wort wird nicht der Hass des Herodes behalten, sondern das Kind von 190 Bethlehem, das ja auch der Löwe von Juda ist, also der Messias, der aus dem Volk der Juden auserwählt war, der Retter zu sein. Josef ist derjenige, der sich dafür entschieden hat, mit dem Flüchtlingskind mitzugehen, für es da zu sein, für es zu sorgen. Die Kraft 195 dazu gibt ihm der Engel. Seine Botschaft kann man so verstehen: »Auf deinem beschwerlichen Weg lässt Gott Dich nicht allein.«

unter Verwendung von:
www.predigten.de/predigt.php3?predigt=1135
© Ralf Krust 1999 www.kirche-eisingen.de

1 Ein Diktator ist eine Person, die mit unbeschränkter Macht herrscht.

2 Eine Verfassung enthält die Grundsätze eines Staates, seine Rechte und die Pflichten seiner Bürgerinnen und Bürger in schriftlicher Form.

3 12 Quadratmeter. Versuche dir vorzustellen, wie wenig das ist.

4 Menschen, die sich dauernd beschweren und denen man es nicht recht machen kann.

5 Menschen, die andere denunzieren, d. h. sie verraten, schlecht machen und mobben.

Aufgaben:

1. Was ist die Botschaft des Engels?
2. Fasse zusammen, wie Josef auf die Botschaft des Engels reagiert.
3. Schau dir das Bild an und beschreibe, wie der Künstler die Begegnung Josefs mit dem Engel sieht. Was bringen die Hände des Engels zum Ausdruck? Wie interpretierst du die Körperhaltung Josefs? Stellt die Szene zu zweit in einem Standbild nach.
4. Formuliere die Hoffnungen und Erwartungen, die bei Maria mit ihrem Kind durch Josefs Vertrauen und Treue geweckt werden.
5. In unserer Stadt und in unserem Land gibt es Flüchtlinge, die in Notunterkünften wohnen. Beschreibe ihre Situation genauer.
6. Was könnte ihnen Hoffnung und eine Zukunftsperspektive geben? Was können wir tun?
7. »Auf deinem beschwerlichen Weg lässt Gott Dich nicht allein«, so kann man die Botschaft des Engels für Josef interpretieren. Formuliere weitere Engelsbotschaften für Flüchtlinge heute.

Schülerinnen und Schüler gehören unterschiedlichen Religionen an. Alle Religionen haben verschiedene Regeln dafür, was gegessen werden darf und was nicht. Damit wollen sie Gott und ihre Götter ehren. Du siehst hier einen »inklusiven Speiseplan« einer Schulverpflegung, der verschiedene Speisevorschriften berücksichtigt. 5

Speiseplan (für Christinnen, Muslime, Juden, Buddhisten, Hinduisten, Vegetarierinnen)

		Montag	Mittwoch	Freitag
Essen 1	Hauptspeise	Jägerschnitzel (unpaniert) mit Kartoffeln	Rindergulasch mit Gemüse und Kartoffeln	Seelachs* mit heller Soße und Zucchini-Streifen
	Beilage	Gemischter Blattsalat mit Möhrenschnitzen und Joghurt-Senf-Dressing	Entfällt	Parboiled-Wildreis-Mischung; roter Linsensalat (mit Feta und Paprikawürfeln)
	Nachspeise	Rote Grütze mit Vanillesoße	Heidelbeer-Joghurt	Grießbrei mit Obst (nach Saison z. B. Trauben, Äpfel, Birnen)
Geeignet für		C	C, I (wenn Halal-Fleisch)	C, I, Km, Hf, Bf
Essen 2	Hauptspeise	Gemüse-Pizza (mit Brokkoli, Paprika, Tomaten, Mais, Zucchini, überbacken mit Pizza-Käse)	Gnocchi mit Spinat-Gorgonzola-Soße (ohne Zwiebeln)	Gebackener Camembert mit Preiselbeer-Dip
	Beilage	Gemischter Blattsalat mit Möhrenschnitzen und Joghurt-Senf-Dressing	Blattsalat mit Cocktailsoße	Nudelsalat (Vollkornnudeln, Tomaten, Erbsen, Mais, Vinaigrette)
Geeignet für		C, I, Km, Hv, Hf, Bv, Bf, V	C, I, Km, Hv, Hf, Bv, Bf, V	C, I, Km, Hv, Hf, Bv, Bf, V

C: entspricht christlichen Speisevorschriften | I: entspricht muslimischen Speisevorschriften | Km: entspricht jüdischen Speisevorschriften – milchig | Kf: entspricht jüdischen Speisevorschriften – fleischig | Hv: entspricht Speisevorschriften für vegetarisch lebende Hindus | Hf: entspricht Speisevorschriften für Fleisch verzehrende Hindus | Bv: entspricht Speisevorschriften für vegetarisch lebende Buddhisten | Bf: entspricht Speisevorschriften für Fleisch verzehrende Buddhisten | V: Vegetarier | * Fisch aus nicht überfischten Beständen

Johanna-Elisabeth Giesenkamp/Elisabeth Leicht-Eckardt/Thomas Nachtwey: Inklusion durch Schulverpflegung: wie die Berücksichtigung religiöser und ernährungsspezifischer Aspekte zur sozialen Inklusion im schulischen Alltag beitragen kann, Interreligiöse Perspektiven, Bd. 6, Münster ²2013, Bcilage © LIT Verlag

Aufgaben:

1. Erläutere: Was darf ein gläubiger Christ essen, was eine gläubige Muslima, eine gläubige Jüdin und was wählt ein vegetarisch lebender Buddhist?
2. Sollte an jeder Schule in Deutschland solch ein »inklusiver Speiseplan« angeboten werden? Warum oder warum nicht?
3. Informiere Dich über a) koschere Lebensweise, b) halal Lebensmittel und c) Überfischung noch genauer.

Der Koran ist das heilige Buch des Islam. Menschen mit muslimischem Glauben glauben, dass der Koran Gottes Wort ist, das der Engel Gabriel dem Propheten Muhammad offenbart hat. Der Koran ist in Arabisch ge-
5 *schrieben. Die Muslima Hamideh Mohagheghi und der Christ Dietrich Steinwede haben den Koran gemeinsam in einfaches Deutsch übersetzt, damit deutschsprachige Kinder wissen, was im Koran steht.*

Die Menschen, die glauben, die Ju-
10 den und Christen, die haben nichts zu befürchten. Sie erhalten ihren Lohn bei Gott. Sie werden nicht traurig sein. (2,62)

Tut nur das Gute, übt immer
15 Nachsicht, vom Törichten wendet euch ab. (7,199)

Gott hat Himmel und Erde erschaffen. Gottes Stunde wird kommen. Darum übt Nachsicht mit den
20 Menschen. Gott ist der allwissende Schöpfer. (15,85–86)

Streitet mit den Leuten des Buches, mit Juden und Christen. Strei-

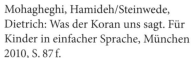

tet gut, mit Ausnahme derer, die Unrecht tun. Sagt zu den Juden und Christen: »Ihr glaubt an das, was Gott 25 euch sandte. Wir glauben an das, was er *uns* sandte. Unser Gott und euer Gott ist ein und derselbe Gott. Wir sind ihm ergeben. Ihr seid ihm ergeben. Er ist derselbe für uns und für euch.« (29,46)

Gott ist unser und euer Erhalter. Wir haben *unsere* 30 Taten. Ihr aber habt das, was *ihr* tut. Es gibt keinen Streitgrund zwischen uns. Gott wird uns alle zusammenbringen. Zu ihm führt der Lebensweg. (42,15)

Alle Menschen leben verschie- 35 den. Gott hat das so bestimmt. Alle könnten einig sein. Gott aber will sie prüfen. Sie sollen Gutes tun im Leben und nicht einander feind sein. Einst bei Gott, da werden sie 40 sehen: Uneins zu sein, das lohnt sich nicht. (5,48)

Mohagheghi, Hamideh/Steinwede, Dietrich: Was der Koran uns sagt. Für Kinder in einfacher Sprache, München 2010, S. 87f.
© Patmos Schulbuch

Aufgaben:
1. Was sagt der Koran über das Zusammenleben von Juden, Christen und Muslimen? Gib entsprechende Zeilen an.
2. Was sollen die Menschen in ihrem Leben nach dem Koran tun?
3. Wie wird Gott beschrieben? Was kannst du über Gottes Eigenschaften und Handeln sagen? Welchen Aussagen über Gott stimmen Christinnen und Christen zu?

Die Schülerinnen und Schüler Hatice, Puran, David, Ruth und Anna diskutieren im Unterricht das Thema Umwelt.

David:

5 Wie andere Industrienationen auch hat Israel heute mit erheblicher Umweltbelastung zu kämpfen. Trotz der seit 1961 existierenden Umweltschutzgesetzgebung sind viele Flüsse und Teile der Mittelmeerküste verseucht. Auch die Abfallbeseitigung stellt ein großes
10 Problem dar. Jüdische Organisationen sind im Umweltschutz weltweit engagiert.

Hatice:

Gott ist auch der Schöpfer der Erde. Er hat sie für die Men-
15 schen geschaffen und lässt Getreide wachsen, Ölbäume, Palmen und Weinstöcke. Alles, was auf der Erde existiert, gehört Gott. Die Menschen
20 sind verpflichtet, diese Güter verantwortungsvoll zu verwalten. Wenn die Abläufe der Natur vom Menschen künstlich verändert werden, kann

25 es zu Katastrophen kommen. Immer wieder verschmutzen Menschen die von Gott sauber erschaffene Luft. Heutige Flutkatastrophen ermahnen den Menschen, dass er unrechtmäßig mit der Natur umgegangen ist. Es ist auch oft die Schuld
30 des Menschen, dass Stürme und Orkane große Zerstörung anrichten. Deshalb steht als Ermahnung für uns im Koran: »Und stiftet kein Unheil auf Erden, nachdem sie wohl geordnet ist!« (Sure 7,56)

Anna:

35 Die beiden großen Kirchen setzen sich für die Umweltpolitik ein. Sie betonen, dass man die Schöpfung bewahren muss. Die Kirchen werben auch für einen umweltgerechten Lebensstil, Energiesparen zu Hause und in der Gesellschaft sowie für umweltgerech-
40 ten Konsum.

Ruth:

Der Mensch nimmt unter den Lebewesen als Gottes höchstes Geschöpf und Ebenbild […]
(1. Mose 1,27) den obersten 45 Rang ein. Daraus folgt die Verpflichtung, dass die Menschen die Natur bewahren sollen. Die

Rabbinen[1] waren bereist im Mittelalter um die Reinheit des Trinkwassers besorgt. So durfte man zum Bei- 50 spiel in ihm keinerlei Waschungen vornehmen. Auch die Luftverschmutzung wurde früh als Problem erkannt. In regenarmen Zeiten durften Abwässer oder Müll nicht durch öffentliche Straßen transportiert werden. Wegen der Lärmbelästigung durfte in einem ge- 55 meinsamen Hof kein Laden eingerichtet werden. Umweltschädigungen galten als unerlaubte Handlungen.

Anna:

Der Mensch ist Gottes Ebenbild und von seinem Schöpfer bevollmächtigt, über die Natur zu herrschen […]. 60 Aber es heißt in der Bibel auch, dass der Mensch sorgsam mit der Natur umgehen, sie bebauen und bewahren soll.

Puran:

»Gott ist es, der euch vom Him- 65 mel Wasser hat herabkommen lassen. Davon gibt er euch zu trinken.« (Sure 10,16) Ich habe mit meinen Eltern über die Trinkwasserversorgung gesprochen, über 70 Wasser als Energiequelle und die Wasserknappheit in vielen Ländern. Meine Mutter hat gesagt: Wasser gehört als Gabe Gottes allen Menschen. 75

Monika Tworuschka/Udo Tworuschka, Die Weltreligionen – Kindern erklärt, S. 226–228 in Auszügen. Illustriert von: Guido Wandrey
© 2013, Gütersloher Verlagshaus, Gütersloh, in der Verlagsgruppe Random House GmbH

1 Dieser religiöse Titel des Judentums wird von hebräisch »rav« »Lehrer, Meister« abgeleitet. Rabbiner und Rabbinerinnen legen die Vorschriften der Tora, der jüdischen Bibel, aus.

Aufgaben:

1. Welche Religion haben jeweils David, Hatice, Anna, Ruth und Puran? Woran erkennst du das?
2. David erzählt über Umweltverschmutzung in Israel. Kennst du auch Beispiele aus Deutschland? Denkt euch in einer Gruppenarbeit eine Fernsehsendung aus, in der eine Reporterin über einen Fall von Umweltzerstörung berichtet. Ihr könnt euch einen Fall ausdenken oder einen Fall wählen, von dem ihr aus dem Fernsehen, der Zeitung, dem Radio oder dem Internet gehört habt.
3. Wie sollen die Menschen mit der Welt umgehen? Was sagen die Tora, die christliche Bibel und der Koran dazu? Erstelle in einem ersten Schritt eine Tabelle und vergleiche die Aussagen in einem zweiten Schritt. Du kannst dir dazu auch das Schöpfungslied aus der Bibel (→ M 1/3) anschauen.
4. Anna erzählt, dass die beiden Kirchen, die evangelische und die katholische, für umweltgerechtes Verhalten der Menschen werben. Wie kannst du dich in deinem Alltag weniger umweltschädigend verhalten?
   a) Erstellt in einer Gruppe ein Plakat.
   b) Beschreibe deinen Tagesablauf, indem du darstellst, wie du mit den Gütern der Erde umgehst (z. B. Wasser, Kleidung, Verkehrsmittel, Gebrauchsgegenstände …).
5. Macht gemeinsam einen Spaziergang. Was siehst du, was hörst du, was riechst du, was schmeckst du? Genießt du den Spaziergang? Tauscht euch untereinander aus.

M 5/4 Zusammen leben und lernen

Die großen Religionen haben klare Regeln aufgestellt, wie das Zusammenleben innerhalb der Familie aussehen soll. Bereits im Kindesalter lernt jedes Familienmitglied, wie man aufeinander Rücksicht nimmt.
5 Das gilt besonders, wenn einzelne Familienmitglieder besondere Fürsorge brauchen. In diesem integrativen Wohnprojekt leben elf Menschen mit sogenannter geistiger und auch körperlicher Behinderung zwischen 18 und 59 Jahren mit sechs nichtbehinder-
10 ten Menschen unter einem Dach. Das Konzept der Hausgemeinschaft ist auf Selbstständigkeit und Selbstbestimmung ausgelegt. Viele Bewohner und Bewohnerinnen nutzen die Freizeit- und Bildungsangebote: Sie können ins Schwimmbad oder zum Kegeln gehen
15 oder einen Computerkurs machen. Dabei erhält jede und jeder individuelle Unterstützung. Beim Kochen zum Beispiel oder beim Einkaufen.

Anna berichtet:
Mein Bruder Thomas hat das Down-Syndrom [Er-
20 klärung → M3/8]. Er besucht einen integrativen Kindergarten, wo behinderte und nicht behinderte Kinder zusammen leben und lernen. Ich mag das Wort behindert eigentlich nicht. Thomas fehlt nichts. Er hat nur ein Chromosom zu viel. Er ist nie unzufrie-
25 den und kann mich wunderbar trösten, wenn ich traurig bin. Er ist freundlich und versucht, jedem zu helfen. Er freut sich über
30 kleine Geschenke genauso wie über große. Er tobt und spielt gern und kann wie ein Fisch schwimmen.

Frau Meyer erklärt:
35 Der biblische Gedanke, dass der Mensch nach Gottes Bild geschaffen ist, schließt Menschen mit Behinderungen nicht aus – im Gegenteil! Unser Leben ist nicht perfekt. Es gibt für keinen von uns ein Leben ohne Krankheit und ohne Einschränkungen. Als Thomas
40 geboren wurde, war alles zunächst nicht leicht. Aber jetzt können wir uns ein Familienleben ohne ihn nicht mehr vorstellen. Er ist so ein liebenswerter Junge. Er zeigt uns oft, was wirklich wichtig im Leben ist.

David erzählt:
Man schätzt die Anzahl behinderter Menschen in den 45
jüdischen Gemeinden in Deutschland auf rund 1.000. Es wäre nicht gut, wenn wir uns aus der Gemeinschaft zurückziehen würden. Unsere Gemeinde macht Angebote für Behinderte, zum Beispiel Sportangebote in Zusammenarbeit mit dem Makkabi-Verein[1]. Dort 50
trainiere ich oft. Wir Juden sind auch überzeugt, dass

menschliches Leben immer in Gemeinschaft stattfindet. Deshalb möchte ich später einen Beruf erlernen und in 55 einem integrativen Wohnprojekt leben. Da möchte ich ein ganz normales Leben mit Nichtbehinderten zusammen führen. 60

Frau Arkoun erzählt:
Ali ist blind, aber er kann große Teile des Korans auswendig. Darauf ist er sehr stolz. Auch behinderte Kinder sind nach islamischer Auffassung ein Geschenk Gottes, das man nicht verstecken soll. Um 65 diese Kinder muss man sich besonders kümmern. Bereits im Koran werden Muslime dazu aufgefordert, Menschen in ihre Gemeinschaft aufzunehmen, die aufgrund von Behinderung nicht für ihr eigenes Wohl sorgen können. Sie haben Anspruch auf die 70 Unterstützung der Gesellschaft. In Sure 4,4 werden Muslime dazu aufgefordert, Behinderte und Benachteiligte zu kleiden und mit freundlichen Worten zu ihnen zu sprechen.

Monika Tworuschka/Udo Tworuschka,
Die Weltreligionen – Kindern erklärt, S. 217–220
in Auszügen. Illustriert von: Guido Wandrey
© 2013, Gütersloher Verlagshaus, Gütersloh, in der
Verlagsgruppe Random House GmbH

1 Max Simon Nordau – der lebte vor ungefähr 100 Jahren – war der Meinung, dass Juden mehr Selbstvertrauen und Selbstachtung gewinnen würden, wenn sie sportlich erfolgreich wären. Viele dachten damals nämlich, dass Juden keine Muskeln hätten und nur über den Büchern hockten. Anfang des 20. Jahrhunderts entstand die Makkabi-Bewegung, die viele Sportvereine gründete. Die »World Maccabi Union« ist heute mit mehr als 400.000 Mitgliedern die größte jüdische Sport- und Jugendbewegung.

Aufgaben:

1. Welche Religion haben jeweils Anna und ihre Mutter Frau Meyer, David und Ali und seine Mutter Frau Arkoun? Woran erkennst du das?

2. Was sagen das Judentum, das Christentum und der Islam über das Miteinander von Menschen aus?

3. Hast du einen Kindergarten besucht? Wenn ja, was für einen? Vergleiche deinen mit dem, in den Annas Bruder Thomas geht.

4. Bist du in einem Sportverein wie David? Trainieren in deinem Verein Kinder mit Behinderungen? Falls nicht, finde heraus, wo Kinder mit Behinderungen in deiner Nähe trainieren können. Recherchiere im Internet oder befrage Personen, die dir Informationen geben können wie z. B. Verantwortliche für Sportvereine oder für Kinder- und Jugendarbeit im Rathaus oder in Kirchengemeinden, islamischen und jüdischen Verbänden.